献给虫妈汤泓:

你用温柔,守护了孩子唯一的童年

孩子，谢谢你带我认识温柔

蔡朝阳 著

人民东方出版传媒

东方出版社

目录

序一

做爸爸的幸福

/

石川郁子

当我读到蔡朝阳先生这本育儿随笔的时候，欣喜万分，内心充满了感动，既温暖又开心。我仿佛和蔡爸爸、菜虫虫一起重新度过了一次童年，重新感受到这个世界的美丽。

蔡朝阳先生为大家所熟知的身份是一位优秀的语文老师，也是著名的阅读推广人。但这次拜读他的育儿随笔，第一次因为"他是个这么好的爸爸"被打动。不仅是他对孩子的态度，更是他对自己、对人生那种特别真实、真诚的态度。

原本，他是个抱持丁克主义的男人，对于在这样一个时代生孩子怀有各种疑问和顾虑，后来因为考虑妻子的感受，终于接受当爸爸。丁克主义的男人当爸爸后会发生什么呢？

不用说，儿子菜虫虫给蔡爸爸带来的巨大喜乐，远远超过他所有的忧虑。菜虫虫出生后，这对年轻夫妻拥有了莫大的快乐和温暖。从丁克主义者到好爸爸，这简直是脱胎换骨的变化，蔡先生非常诚恳并生动地记下了这一过程。

蔡爸爸自儿子出生前一直到 8 岁，在整个成长过程中一直深情、慈爱地守护孩子，陪伴在孩子身旁，记录下虫虫与世界接触的点点滴滴。

世上所有的爸爸，都很爱自己的孩子，也有不少爸爸愿意记录下孩子的成长。但这件事，想想简单，做到真是不易。

每每读到对活泼、天真、可爱的虫虫的描写，我都会忍俊不禁。读完最后一章蔡爸爸写给儿子满怀深情的信时，我不由得热泪盈眶。

真想对菜虫虫说："我好羡慕你呀！"你诞生后每个阶段的成长，你的爸爸都充满爱并细心地记录下来。这是多么宝贵的育儿记录，更是一份无可替代的珍贵礼物。

尤其令我感动的是，蔡爸爸自己也保持着一颗柔软活泼的心，和菜虫虫一起成长。蔡爸爸一直认真探索虫虫的视角和心灵，很谦虚，很坦诚，并将这个生动的过程和他的感触，用充满幽默的笔触栩栩如生地描绘出来。

虫虫的学舌记，虫虫怕黑引发的关灯故事，渔夫菜虫虫，嗯嗯和大海，坐车时发现树木、电线杆都往后跑，可爱的离家出走……一切都是那么温馨。

蔡爸爸自嘲："为什么我的回答跟菜虫的提问比起来，总是那么无趣呢？"

孩子是成人的老师，成人从孩子身上能学到太多东西。虫虫为蔡先生开辟了一个新的世界，赋予了对事物新的看法和更感性的认知，甚至让他的生命有了崭新的意味。用虫虫的目光和心情看待外界，蔡爸爸发现了世界的新模样。这对爸爸来说，也是很愉快、很幸福的事。

但是，获得这些幸福需要一个前提，那就是成人要谦虚、诚恳，并保持一颗单纯的心面对孩子。毋庸置疑，蔡爸爸做到了这一点。

　　蔡爸爸从来没有摆出父亲的威风而压制孩子，总是努力去理解菜虫虫。蔡爸爸的姿态、心态都与孩子保持平等。他身体力行着真正的"儿童本位"，尊重孩子的天性和认知世界的独特方式。

　　当然，蔡爸爸有时也会对虫虫生气或不耐烦，但总能立刻自我反思，然后宽容地接纳虫的顽皮和淘气，并鼓励孩子的自由意志。

　　虫虫让蔡爸爸对爱、对生命、对教育、对世界的理解，进入了更深更高的层面。孩子的成长，同时也是父母的成长。蔡爸爸在孩子的成长过程中，逐渐形成了自己的父亲观、父子观、教育观。就像蔡先生自己提到的那样，用一辈子去学习做父母。

　　同时，令我印象深刻的，还有蔡先生在文章中体现出的对教育的敏锐思考。尤其是面对结构越来越错综复杂的现代社会，父母该如何面对孩子，如何教育孩子。

孩子们如何习得语言？如何建立自我？如何建立人际关系？成人无法轻易揣摩孩子的心理或伦理观。孩子说谎背后的真正原因是什么呢？蔡先生并不是从成人视角出发，而是通过与孩子真挚的交流得出了宝贵答案。我相信蔡先生的探索为世上因培育孩子而烦恼的年轻父母提供了不少启发和鼓舞。

作为一个外国人，这是我第一次读到中国 20 世纪 70 年代出生的人的育儿随笔。这是一份拥有旧时代和新时代交汇融合的价值观和心态的新一代父母的育儿记录，其思考及感受，给我留下了深刻而鲜明的印象。我也发现，这一代年轻父母正在很认真地探索生命的意义，寻找新的教育哲学和观念。我认为这是一份很宝贵的具有独特社会学价值的记录。

最后，作为从事绘本出版事业的出版人，我很高兴看到绘本、童话在菜虫虫的成长中带来的诸多乐趣和力量。

读完蔡先生的这本育儿随笔，感触良多。因为命运的安排，我自己并没有养育孩子的体验，也没有后悔过。但读着蔡爸爸的文字，我诚恳地坦白，错失养育孩子的这个宝贵机会，还是略微让我感到有点遗憾……

在此，感谢蔡爸爸和菜虫虫送给我们一份这么栩栩如生的育儿记录。

序二

归荡的回声全是孩子的声音

/

粲然

在覆卮山山麓散步时，蔡朝阳把这份书稿交托给我，以他一如既往的谦和态度，慢条斯里地讲："这是菜虫出生以来，我为他写的一些小东西。算不得教育文章，只是些育儿随记。你且看看。"我应了。他走了几步，又转过头说："翻翻看就行。做父亲的这几年，我还是有变化的。"

说罢，他踩着薄暮里的满地竹叶兀自走远。我跟在后面，暗自发笑。

每一位为人父母者，都有这样的自傲和自省。我们自任孩子生命的"编年体史官"，为他们每一次的跌打滚爬、嚘啼言笑，或浓墨重彩，或击节叫好。

可是，这样琐碎的日复一日的父母书写，是陷于一叶障目之爱的空白絮叨吗？这些记录究竟有什么意义？对谁发生作用？

含着微笑和唇间的吻，一个劲儿写着"我孩子典故"的父母，总会想到这些，并因此踌躇且害羞起来。

我也是被父母"书写"过的人。

据说，我呱呱坠地后，爸爸就开始为我写日记，记在一

本蓝色塑料皮本子上。等到我自己有能力阅读，并对自己的
过去有些微好奇心，因此拿来翻看时，那本子已经有点破破
烂烂了。这中间，经过了十来年时光，经过了他和我妈成千
上万次翻阅。

　　回想起来，那时候记录孩子成长点滴，没人点赞，没人
跟帖，也没有什么公共平台供"秀娃"，只不过是夫妻俩在孩
子睡后，拿出钢笔，互相商量："把这个事记下来吧？""今天
的进步值得写呀！"然后吭哧吭哧写在本子上，锁进抽屉里。

　　那个本子，我只在十几岁时翻看过一次。一来是我爸的
字龙飞凤舞，二来我真的对自己的过去——怎么学走路、什
么时候第一次吃饭、怎么发烧又如何痊愈、为什么开始说话
大舌头又怎么被纠正、某日说出什么语惊四座的话……一点
儿兴趣也没有。

　　大抵无论媒介和信息平台如何变化，天下父母的育儿小
记多半雷同。在我家的蓝色小本上，开篇与蔡老师小书内容
相仿，第一则写我呱呱坠地，身高体重；第二则交代我名字
的由来；印象最深的一则是写第一次送我去幼儿园，到了门
口我拍拍屁股不动声色地飘然而入，我爸在后面哭了……育

儿日记洋洋洒洒记了十几年，最后一则正写到"女儿来了月事，心里又是喜悦又是担心"。当事人猛一下合上本子，气鼓鼓地坐在地上，觉得父母这种生物真是不可理喻！表面上跟我说的是"月事是最自然的生理情况"，背后却写什么"又喜悦又担心"，不知所云！而且，这种育儿日记根本不像伟人传记，写得琐碎又颇令人鸡皮疙瘩，完全不知道有什么存在的必要。

这样愤怒地想着，就玩别的去了。

一晃二十多年过去。我已成家立室，有了自己的孩子。两年前，爸爸忽得急病，抢救后虽仍可自理，却留下双耳失聪、记忆偶有缺失的后遗症。在他连我和妈妈都忘记的那段时日里，我经常想起那个蓝色塑料皮本子。想起我和父母共同度过的，我只是随心所欲，而他们却须臾铭记的儿时岁月。

爸爸多年前写的"情书"，直到生死更迭、人事茫茫的那一瞬，我才真正收到了。

之所以说起这个，是因为作为"父母书写"的受益者，我看这本小书时，难免揣测菜虫虫小朋友的读后感。在未来激荡起伏、无常相续的几十年间，当事人也许会轻视内中叙述，会意图背离内中叙述，并将它抛诸脑后。

但在很久很久以后的某一天，我们会再度与它相遇。想起儿时睡梦中所有甜蜜的吻；想起有人因为你的出现，愿意挺身直面这个时代所有的是与非；想起所有浑浑噩噩的时光，都被深情凝视与珍藏过了。

想起我们的生命，被深深爱过、祝福过，生死不渝。

从另一个角度说，蔡朝阳的这本小书，有着较之我家蓝色塑料皮本子、网上洋洋洒洒的"晒娃"随手记们更深入的普适意义。作为身负二十余年深厚经验的教育践行者，一个不停思考与撼动时代教育的好老师，蔡朝阳并不止步于做"深情款款记录育儿琐事"的父亲。在汹汹的亲子之爱中，他的文字依然蕴含特殊的内在张力，一方面是渴望与孩子和家庭建立更深入的亲密关系；另一方面则是因由爱，成就自己更深邃的自由与成熟。

于是，跟随菜虫的成长记录，我们看到了另一个不停成长着的男性角色：一开始"因为这个时代有很多问题"而决意"丁克"（抱怨型）；之后转变成因为孩子的每一个举动而充满"幸福感"的父亲（收获型）；进而在近十年的时光里，蜕变成具有儿童心理学专业视野，具备自信且坚定的父子观、教育观，并成立儿童游学教育机构，"努力发出一点点声音，希望能有更多仍在学习做父母的人，来一起学习如何做父母"的实践者（回馈型）。

这本小书，是这个时代典型的"幸福儿童成长史"，也是这个时代典型的"有爱奶爸成长史"。

在翻读这部书稿时，我的脑海里一再浮现日本著名诗人谷川俊太郎的一首小诗《回声》：

声音绕道而行

在呼唤你之前，它呼唤了沉落的夕阳

呼唤了森林、大海和人名

可是，现在我终于明白

归荡的回声全都是你的声音

　　这是为人父母之后，因由对孩子的爱，骤然目睹的新世界吧。因为承担起新的生命，鼓励着自己奋勇起来，去直面和承担这个时代，因此，每一个深深爱着孩子、对未来抱有无尽热望的年轻父母，都是最为卓越、最为坚韧的时代改良分子。

　　蔡朝阳的这部育儿小书，给了我这样的信心。相信我们这一代爸爸妈妈，终究可以穿越重重困难，为着百折不挠的亲子之爱，为了清浅而深邃的童心世界，而保持自己的所有才能。

❶

孩子，你慢慢来

几乎每天晚上，只要没事，我就在妻子旁
边坐一会儿，读一段书，唱几句歌，让孩
子听听我的声音，我也听听他的声音。我
想告诉他的是：你给我带来了改变，你赋予
了我的生命崭新的意义。

2005 年 6 月初，具体哪一天不记得了，我和妻子坐在妇保院的沙发上，等待尿检结果，心里忐忑不安。虽然只需等几分钟的时间，可这几分钟，却近乎静止。

确切地说，忐忑不安的是我。妻子的心情还不错，我能猜到，她肯定有几分期待，也会有幸福感，也许还有那么一点小小的焦虑，但她终归是开心的，这是女人的天性。而我，却六神无主，虽然表面上很镇定。

其实，要一个小孩是我们已经决定了的。但真等这个事情来到我面前，我还是张皇。直到去年 10 月 1 日，我还是坚持不要小孩。我是丁克家庭的支持者，理由很简单：这样一个时代，带一个小孩出来干吗呢？

我曾经面临着很多不理解，现在依旧面临着很多不理解。在我结婚前，单位同事就曾充满关怀地跟我说：你早一点结婚，生个孩子，日子就稳定了。我反问她：为什么要生小孩？她很奇怪：这有什么为什么呢？大家都这样的，偏偏你不这样？我说：难道人过一辈子，就只是为了繁殖下一代？

那时候我不想结婚，我害怕婚姻生活。结婚前，我对婚姻生活的所有想象都是单调苍白的。日复一日的相似，柴米油盐的琐碎，恐怕会将一个人逼疯。我希望生活能够充满一个又一个的惊喜，这才能使我保持对生活的激情。

结婚了，又有新的不理解。我不要小孩的说法，被认为是我不想负责。这是最常见的一种看法。但我认为这条理由是站不住的，王怡在《丁克家庭和创世纪》一文里讲得很清楚，生一个小孩便是创世纪，我们对于这个新生命而言，便是上帝，怎么能够在上帝鸿蒙未开之时，就指责他不负责任呢？既然小孩不曾降临，就谈不上"责任"这个概念。

而我，很害怕。我害怕这个孩子来到世间，却得不到快乐。我想到现在的中小学教育便不寒而栗。

去年十一长假，我家里来了很多朋友，跟我年龄相仿和年长于我甚多的都有。他们有结婚了但还没有孩子的，有刚生了孩子正在学习做奶爸的，也有孩子已经读高中的。我们围着茶几聊各种话题。后来，终于聊到了要不要孩子的问题。锅子结婚好几年了，不过他一直不要小孩，理由跟我比较接近。年长的沈先生说：你家里那么多藏书，难道不生一个小孩，要他来继承你的藏书？他说：当然要有一个小孩，那些你没有完成的理想，可以叫你的孩子来继续。阿龙刚做了父亲，在一个月内，体重下降了 10 斤。阿龙不同意沈先生的说法，认为孩子是一个独立的个体，怎么发展，要看他自己。阿龙说：其实，我们给予孩子生命，要他到这样的世上来走一遭，便已经是意义了，至于这一生是幸福是痛苦，无论如何，都是他自己的生命的意义。

阿龙的这番话说得大家都信服，但是我决定要一个小孩，关键还在于另外一个想法。有一天，跟妻子吵架之后，我突然想到：我是不是为自己考虑太多而为妻子考虑太少了？

结婚以后，妻子的心态发生了微妙的变化。结婚前，她并没有考虑过要一个小孩和不要一个小孩的区别在哪里。结婚后，也许是天生的母性萌发，有一阵子，她是那么地希望有一个小孩。尤其是当我忙于自己的事情，沉浸在自己的世界里的时候。的确，我过于沉浸在自己的世界里了，我以为我在做的都是最有意义的事。周末假期，我忙于出差奔波；平时在家，要么读书写字，要么上网看碟，还要挤出时间来玩网络游戏，这何尝不是一种自私呢？我可以大言不惭地说我心里装着国家民族的大命题，但是我为何就不关心我身边的这个人呢？她跟我息息相关，我因为她而高兴，也因为她而沮丧。

也就是说，关心这个世界，对于每个个体，应该从关心自己身边的人开始。母性，是天性，如果因为我的担忧和恐惧，而剥夺了妻子做母亲的权利，这同样是一种不人道。

过了年，我终于决定要一个小孩了。但是理论上想通了，情感上却一时半会接受不了。那天，拿到怀孕的检验报告，我们离开妇保院，一路默默不语。妻子不说话，我也不说话。

我们要完成这个心理上的角色变化。我们上车，开车，仍是不说话。一直到妻子怀孕 3 个多月，我才渐渐体会到一个准父亲的喜悦。我想，这也是天性，潜藏在每个人的生命本源。

现在妻子怀孕已经快 7 个月了，她的肚子比别的孕妇都要大，不知道的都说快要生了吧。有时候，我坐在妻子旁边，突然心里一阵温情涌起，多好啊，一个全新的生命正在孕育。我不知道这个孩子是男孩还是女孩，也不知道他是否会像家里那张贴纸上的孩子那么冰雪可爱，我只是单纯地喜爱，无缘无故地喜爱。

这是多么惊奇的一件事！一个生命，在母腹中，在一片温暖的幽暗之中，逐渐成长。我喜欢将耳朵贴在妻子的肚子上，听他里面的响动，咕噜咕噜，几乎每次都是这种声音，但是我喜悦。这么一个小人儿，他会如同医学书上的照片那样，闭着眼睛，紧握小拳头吗？他有意识吗？知道我每天晚上在给他读《小王子》和《夏洛的网》吗？我还给他唱歌，唱《在那遥远的地方》，我现在才明白，这首歌其实是写给自己的女儿的，那么温情缠绵，那么柔肠百结。是的，尽管他还没有来到我的面前，但我明白了，我会为他做任何我可以做的事情。这么一个小小的生命，他就是我的生命，甚至远远超越我的生命。

回想这 7 个月，也并不全是一帆风顺。起初，妻子隐隐有腹痛，查了网上的资料，我们担心是宫外孕。于是，2 个月不到，便去做 B 超检查。万幸，这个小生命稳稳地扎根在母亲子宫里，总算放下一桩心事。但这仅仅是开始。3 个月的时候，妻子的孕期反应特别强烈，凡是书上写到的，恶心、呕吐、浑身乏力、无精打采，妻子全占了。早上起来刷牙，一阵恶心，胃里没有东西，她还是干呕，直到吐出青绿色的胃液。我没有办法，只好轻轻抚摸她的背。妻子闻不得油烟味，3 个月时又特别挑食，于是我来下厨。问题是我对于厨艺并不精通，菜烧得不怎么样，妻子还是将就着吃。以前我们外面吃饭挺多，跟几个朋友，也挺开心，现在只好不去了，因为妻子只爱吃家里的东西。孕妇要少吃多餐，便要准备一些点心，超市买来的，妻子不爱吃，但除了麦糊烧，我别的都不会做。

妻子饿了，我就做麦糊烧，直到有一天，妻子说，以后孩子生出来都要像麦糊烧了。我只有尴尬地笑。

妻子辛苦，我也辛苦。但是辛苦又算得了什么呢？我想，一个男人的成熟，必然要经过这一步，才是真正地进入生活。有物质，也有精神。我在想，一个不做父亲的人，怕是一辈子都不会有这样的体会：踏踏实实地过日子，感受到大地的重量，就像现在，妻子上楼的时候，走到 4 楼便气喘吁吁，我让她拉住我的衣服，有这股向下的使我更贴近大地的力量，才催生了我更多向上的力量。

最令人担忧的事情，发生在 3 个多月的时候。妇保院的产前围检，验血。查完的这天下午，医院电话打给我的妻子，说她是高危产妇，血液筛查结果出来，孩子第 21 对染色体出错的概率，要比别人大好几倍。那天下午，我还在开会，妻子电话打过来，告诉了这个情况。也就是说，我们生先天愚型的孩子的概率，比别人高很多。我一下子蒙了。妻子也蒙了，她从单位出来，一个人漫无目的地在大街上逛，面如土色。

我去接她，两个人四目相对，束手无策。我把车开到环城河边，想下去坐一下，未料下起了大雨。我们坐在车里，没有说话。我只觉得自己的心在一个劲地往下掉，一个劲地往下掉。

为什么啊？我几乎要相信宿命了。好不容易我们打定主意要一个小孩，好不容易度过了最困难的头3个月，妻子身体情况刚刚好转，等待我们的却是这个令人担忧的消息。我跟妻子说：我不信这个小孩会不好，我想我们两个都这么热爱生活，这怎么可能呢？一定不会的。我在宽妻子的心，也在宽我自己的心。

医院叫我们第二天再去检查，医生叫我们做羊水穿刺检查。羊水穿刺，经过细胞培养，能够检查这个小孩的染色体究竟是否正常。医生也安慰我们，说是进行这个检查的孕妇中，真的不好的，也不多，百分之二还不到。我们略微放心了一些。本地的羊水穿刺要等时间，起码得一个月，我们便去杭州。为了这件事，我跑杭州跑了4次，在省妇保院好不容易挂到专家号，等了一个上午，但是约的手术时间，要在

2周之后，而做了这个检查，结果出来，还要再过3周。这5周，是我们觉得人生中最漫长的一段时间。我调整心态，一直跟妻子说，我们的孩子，不会有问题的。我也的确这样相信，虽然毫无科学根据。

4个月，我开始给孩子胎教。我想，他应该听听他父亲的声音。我最初读的一段文字是《圣经·创世记》，因为我觉得孕育一个新的生命，这便是创世纪。多么奇妙，神说要有光，于是就有了光，事就这样成了。我给孩子读《诗经》，读《我有一个梦》，读《小王子》；我给他唱歌，唱《童年》《乡愁四韵》《红蜻蜓》《在那遥远的地方》。一种温暖的爱，一种怜惜，一种近似心痛一般的柔情，就这样慢慢流淌过我的全身。

那天，我拿到了省妇保院的羊水穿刺报告，孩子正常。那一天，我一个人去的杭州，拿到报告，自己看不懂，就给医生看。医生的话简直就是御旨纶音。医生说，这个报告结果说明是正常的，我几乎觉得这是天底下最动听的声音了。这一个多月来的担忧一扫而空，那种喜悦啊，我只想走在路上，放声歌唱。

现在多了一个去处，超市。妻子总喜欢在婴儿用品柜台前徘徊。奶瓶，已经买了两只，一只蓝色的，一只是粉红色的。玩具已经买了一个，是挂在床头的有动听音乐的一圈马戏团红鼻子小丑，上紧发条，他们就排队在空中走过，唱着歌。毛衫买了好几件了，小小的，像是给洋娃娃穿的。还有围兜，一大一小。还有小袜子，这是嫂子给我们的。外祖母早就急了，她扯了许多布，还有棉絮，要做小棉袄，她怕买来的棉花不好。3岁的侄女摸着妻子的肚子说，小弟弟怎么还不生出来啊！她很想当小姐姐。妻子把小房间的柜子收拾了，腾出很大一格，要给孩子放东西。我的计划更远大一些，我在想：给他买的新电脑放在哪里呢？我以后一定要跟他一起玩电脑游戏。妻子总是笑我：奶瓶还没有买，就买了吃饭的小碗了，你以为孩子是见风长的孙悟空吗？

几乎每天晚上，只要没事，我就在妻子旁边坐一会儿，读一段书，唱几句歌，让孩子听听我的声音，我也听听他的声音。我想告诉他的是：你给我带来了改变，你赋予了我的生命崭新的意义。你的出现，使我更深地理解了生活和生命的本质。

　　我把这些话都藏着，孩子，我会慢慢跟你说。

2005 年

②

创 世 记

> 而现在，一旦开天辟地，降临人世，这个
> 孩子将拥有整个世界。

无论我们将这看得多么私密，孩子的出世，仍然是一桩事先张扬的公共事件。父母至亲、舅舅伯伯、三姑六姨，早就开始张罗着准备迎接这即将到来的一切。所有人都知道这个喜悦的瞬间一定会到来，所有人长期以来都满怀着迎接的喜悦一日日盘算，但在孩子出生的那一瞬间，比期待已久的惊喜更大的惊喜，仍覆盖了整个家庭。

我将这个孩子的出生，称为创世记。这不是父母自命不凡，将创生的功劳归之于己，而实实在在是指孩子自己的创造。从这件事，我发现汉语的丰富远超我的所知。对于创生而言，"瓜熟蒂落""水到渠成"，都是肤浅的说法，"突破黑暗，走向光明"，恐怕才是更接近真相的描述。就像盘古开天辟地的神话，说是神话，恰恰是写实。曾经，温暖、黑暗而甜蜜的子宫，是他全部的世界，而现在，开天辟地，他将拥有整个世界。

生日为什么值得纪念，就是因为自这一天开始，他拥有了整个世界。创生的意义就在于此。从那一瞬间，这个生命得以独立，成为完整而自足的个体，他会逐渐拓展自己的疆域，最初是一个襁褓，进而是一只摇篮，进而是单独的小床，进而是家庭、小区、城市……他的生长，伴随的是对自身以及世界的逐步掌控。这个奇迹令人赞叹，这个奇迹来自他与生俱来的拓展能力。而父母面对这一强悍的小生命时的笨拙，却时时处处可见，因此，哪些骄傲的父母敢大言不惭地说：生养是父母的功劳？

有必要记录下这个令人激动的时刻，这是孩子自己的创世记，他以此为起点，缓步而坚定地走向自己的世界，成就自己的人生。这一天是 2006 年 2 月 3 日，农历正月初六。尽管已经准备了一年之久迎接初为奶爸的身份，我仍然对他的降生猝不及防。

这一天，接近中午的时候，我带着准妈妈去妇保院。事情是这样的，其实预产期还有两三天，准妈妈也没有感到什么不适，但据说产前还要做最后一次检查，于是就把准妈妈带到已经来过无数次的妇保院。护士掐指一算，剖腹产的主刀医生就今天有空，索性就今天生吧。所以，菜虫虫的生日，是随机定的。就这件事而言，我曾经跟算命先生争辩：既然可以自己选择黄道吉日，祖宗传下来的算命又如何应验？

　　准妈妈被命令坐上轮椅，推进去了。病房都安排好了，但当时我还不知情，以为这是产前最后一次检查，直到准妈妈被推进去，医生出来跟我签订手术协议，才恍然大悟——这是要剖腹产啊。这位医生是主刀医生的助手，把需要我签字的手术协议拿过来，到处都是医院的免责声明，不禁有些担心——毕竟，准妈妈进去时，我连一声加油、挺住之类鼓励的话都没说。

　　我全部的家人都来了，爷爷奶奶大伯伯大妈妈侄儿豆豆外婆舅舅舅妈外甥女妞妞，全都等在走廊里。14点26分，护士出来说，产下一男婴，体重7.3斤，身长53厘米，母子平安。再等一会儿，一张床推出来，虫妈麻药还没完全过去，但一直很清醒，外婆问怎么样，虫妈说感觉还好。大家围着看婴儿，皱皮皱脸的，稀稀疏疏的几根头发，湿嗒嗒地搭在前额，脸上还有未及擦净的血迹。哇，好漂亮的孩子。大人们都这么说，只有期待已久又乍为人父的我，心里有些嘀咕：哪里漂亮啦，分明像个小老头。

刚生出来都这样的。奶奶用过来人的语气说，这个长相，已经是很好的了。我仍是将信将疑。但这不重要，因为尽管期待已久，我仍陷入长久的茫然之中：这就是我的孩子吗？我就在这一瞬间升格为奶爸了？

夜晚，我陪着，睡不着。孩子一直闭着眼睛，小小的身体包裹在医院提供的婴儿服里，这个就叫襁褓吧。总之，从这以后，我一看到"襁褓"这个词，就想起这件婴儿服。我盯着他看，整晚都在看，偶尔摸摸他细长柔嫩的手指，心里有一种强烈的不真实感。这种感觉让我明白：较之于母爱，父亲对孩子的爱，更多是日后才逐渐培养的。

我数了数孩子的手指和脚趾，蛮好，不多不少，各十个。这令人想起造物的神奇，怎么就这么巧呢，一点也不会计算错误。想起海子的一句诗：我想我已经够小心翼翼的了／我手指是十个／我脚趾也是十个。

产后的妈妈体虚，昏睡，我却一点睡意也没有，看着这个小人儿，看了一夜。

2006 年初稿，2014 年改定

3

命名记

有一日，我听了他在母亲肚子里发出的咕噜噜的声音之后，笑说：这是一条寄生虫。你看，他吸收你的养分，带给你各种幸福与不安，然而，他无知，宛如一条虫。

身为父亲，对孩子最大的支配权，便是命名权。在命名之前，无非是个孩子，我们可以随意称呼他为娃、孩子、乖宝、小屁孩。诚然这个娃是独一无二的，但是在逻辑的层面，他仍是可以被归类的，一个男孩或一个医院的编号。

就父亲的身份而言，我以为，只有命名才是最大的父权，这是赋予其人生意义的开端。因为名字是专属的、独特的，只有人类文明才会以命名的方式开启这个孩子的独特意义。这是一个仪式，就像周岁的抓周，其实我们都知道这不科学，但其意义在于，这个仪式，是对孩子一生意义的期许。除此之外，我并不认为有何父权。

其实，在降生之前，我们已经决定孩子的小名叫"菜虫"。

首先，自然因为父亲姓蔡。按照习俗，此孩当然姓蔡。其次，为何以虫命名呢？因为他在母腹之中，安然成长，不理人间纷繁，不理我们的忧心忡忡与欢喜雀跃，他固执而又淡定地在母腹中潜滋暗长。怀胎十月，父母是有知者，我们知道此孩如何在母腹之中安然成长，而此孩无知，他只是贪婪地吸收，任性地成长。有一日，我听了他在母亲肚子里发出的咕噜噜的声音之后，笑说：这是一条寄生虫。你看，他吸收你的养分，带给你各种幸福与不安，然而，他无知，宛如一条虫。

有朋友知道我视这个宝贝为"寄生虫"，乃有意见，认为寄生虫不是一个好词。在60年来的汉语语境中，社会寄生虫是一个超级贬义词。而我不作此想——我们的爱，将赋予此

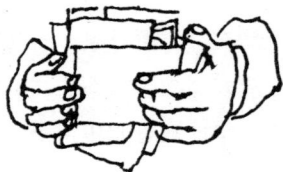

词以新的光辉。这就是命名的意义。这个神圣仪式，不但给予此汉字以智慧的光照，同时，此子也将重新诠释"虫"这一柔弱的名词。

为何必须名之为"虫"，还有我一点小小的坚持。我这个父亲，不想怀有望子成龙的奢望。这个世界上有虎妈有狼爸，现在，我愿意以无能的力量，来承担一个虫爹的责任。孩子，你慢慢来，在我力所能及的范围内，我将守护你温暖的童年。你尽可以像那条好饿的毛毛虫，浑然天成，无忧无虑。

2006 年初稿，2014 年改定

4

我们现在如何做父亲
——兼回裘同学

一个父亲，肯定想自己的孩子过上幸福生活。比如苏东坡最有名的一句诗：惟愿吾孩愚且鲁，无灾无难到公卿。

鲁迅有篇文章叫《我们怎样做父亲》，对此，我有一些自己的看法。

本来我不想要孩子，这个想法根深蒂固。我生命的价值只体现于我个体就够了，我不想为除此以外的东西耗费自己的生命。再则，确实，我觉得我不是一个当父亲的料，当父亲，意味着很多牺牲、很多责任，我觉得我没有准备好。

一个父亲，肯定想自己的孩子过上幸福生活。比如苏东坡最有名的一句诗：惟愿孩儿愚且鲁，无灾无难到公卿。希望到公卿，但是有一个前提，这个孩子必须"愚且鲁"。这个跟我以前的想法一致，我希望孩子能够得到一种"单纯的快乐"。这个想法被很多人反对，他们认为这种"单纯的快乐"是无法达到的。

以前喜欢一句话：人生识字忧患始。因为我就是这样过来的。孔子说四十而不惑，我越来越接近四十岁了，可是越来越像个老愤青。当中学教师，一直以来让我左右为难的困境也在这里，跟我面对自己的孩子时差不多。我希望你们快乐，但是我又希望你们清醒。而快乐和清醒，似乎不能得兼。

我最终选择了什么，你从课堂上自然可以知道。这也是我将来会面对我的孩子的姿态。我将尽量告诉他真实，同时呈现我自身的真实，呈现我力所能及的真实。我们说过，要睁眼看清这个时代的真相，光有勇气还不够，还要有思想力。作为教师，我所能想到的最大的成功，便是让孩子们学会独立思考。

不过，孩子和成年人是不一样的。这里还有一个区分。当他是个孩子时，我暂时打定的主意是：在我个人能力可以控制的范围内，给予这个孩子溺爱。正如我的那句标签性的话：坚决地捍卫其知情权，温和地保护其不知情权。

无论多少溺爱都是不够的。因为我知道，有很多我不能控制的无法预料的力量会给这个孩子带来伤害，我很抱歉，我会痛苦。我只要一想到这些就会痛苦。比如，我们厌恶的

考试；比如，陌生人的脸色；比如，我侄儿的数学老师抽打他手心的教鞭。我的痛苦在于，我明明知道这一切都会发生，可是我提前就无能为力了。

有一天，当我认为他长大成人时，我就要跟他像朋友一样交谈问题，争论。这类似于西方的电影分级制度，我的监护权，在他成人这一年自动取消。当然也不是这么泾渭分明、循序渐进，就意味着一切都是濡染的、潜移默化的。

以上所说，都建立在我对这个孩子的生命独立的一个基本认定之上。也即，孩子属于他自己，不是因为我创造了他，他就是我的私人财产。这跟我认为我是我自己的，是同一个道理。

现在他刚满月，我不知道他有没有意识。晚上吃饱了奶，就睡觉，头枕在我的手臂上，很安详，梦中有时愁眉不展，有时咧嘴浅笑，叫我看啊看啊看不够。

　　但是我总想，将来等待他的，不管是什么样的遭遇，这都是他自己的生命体验。他将自己去体验，他也只能自己去体验。

2006 年初稿，2016 年修改

5

学 舌 记

我的一个同事，知道我儿子会叫爸爸的时候，不屑地说：有什么好高兴的，你在此之前，不知道已经叫了他多少声爸爸了。此言甚是。

菜虫并不是在某一个特殊的日子里突然开口叫爸爸的。这击碎了我此前所有对这一时刻突如其来的美妙幻想。

菜虫在月份差不多的时候，就开始发出古怪的音节，跟其他孩子毫无二致。包括，他会无意识地发出 ba—ba——这样的声音。但是天地良心，我知道他不是在叫我。相反，倒是我，一天到晚跟他说，虫虫，叫一声 ba—ba——，ba—ba—ba——

我的一个同事，知道我儿子会叫爸爸的时候，不屑地说：有什么好高兴的，你在此之前，不知道已经叫了他多少声爸爸了。此言甚是。菜虫虫开口叫的第一个亲人，是爸爸，不是妈妈，这是事实，即便妈妈嫉妒，也没有办法。虽然今天在我再三询问妈妈好还是爸爸好的时候，他终于跟我们说，妈妈最好。

自从他开口叫人以后，这个语言的能力，便一天天地增长。先是简单的单音节，接着是简单的叠音，接着是一个个较为复杂的词语。这种语言能力的进步，倒是经常给人意想不到的喜悦。

起初，他仅能辨别几个家人，爸爸、妈妈、奶奶，后来就能辨别不同的物体。比如，他会说车车、茶茶、鱼鱼、饭饭等。于是他就能比较自如地表达自己的意愿，也听得懂我们的话。有时候，他突然说"茶茶"，我们便知道，他要喝水了。中午的时候，我们说"菜虫，饭饭喽"，他多数时候就会从自己的玩具边上站起来，来到饭桌边，等我把他抱到自己的"宝座"上。

菜虫虫说话有几个特征。第一，他满口诸暨话。这是因为白天都是奶奶在带他，我跟菜虫虫说话，有时候说普通话，但多数时候也是诸暨话。于是在小区里，菜虫虫成了著名的小诸暨人。有一段时间，菜虫虫说的频率最高的一个词是"唔末"。这个词就是典型的诸暨话，"没有"的意思。要区别一个人是否诸暨人，只要听到他把"没有"说成"唔末"，把"去"说成"开"，把"那里"说成"每兜"，基本上就可以断

定了。

菜虫虫就成了这样一个诸暨人。我们问他：饭饭吃过没有啊？他就煞有介事地说：唔末！因为他说的有趣，小区里的邻居都喜欢逗他，他就"唔末""唔末"地说得起劲。

我读龙应台《孩子，你慢慢来》，觉得龙应台的孩子真是神奇，能说德语、中文，还懂英文，实在是太强了。因为孩子的父亲是德国人，母亲是中国人，而他们夫妻间交流，多用英语。现在来看，俺家菜虫虫也不赖，也懂三种语言：普通话、诸暨话、绍兴话，并且能熟练地转换。菜虫虫喝奶粉，喝完之后，举起奶瓶自己看一下，我就问：有没有了？菜虫虫就说：唔末。又问他：妈妈怎么说啊？他就说"扭"！因为绍兴话说"没有"，发音就是"扭"。

第二，菜虫虫说长句，是一个字一个字从喉咙里蹦出来的。我第一次听他说长句，是一个中午，他不肯睡觉，我抱他下楼逛逛。车库门开着，妈妈的红色千里马停在里面。菜虫虫光着脚丫，嗯嗯哦哦不已，一定要去玩，我就告诉他，车钥匙没带。

插叙一下：菜虫虫喜欢坐在驾驶座玩，方向盘、雨刷器、空调、大灯，摸摸索索，能玩上半个多小时，乐此不疲。所以我很感慨时代的不同，他们这代人，绝对是电脑儿童、汽车少年，没准到了十五六岁，就偷爸爸妈妈的车钥匙无证驾驶兜风去了。

那天，我跟菜虫虫说：车钥匙没带啊。菜虫虫于是不坚持了，恍然大悟似的说：妈妈——车车——钥——匙——唔末——

这是我听到的菜虫虫的第一个长句。妈妈、车车，是叠词，他轻而易举能说；钥匙是新词，并且拗口，所以分开说，中间略有停顿；唔末这个词，很熟悉，又能脱口而出。总之，这个长句语气古怪，却充满了孩童的稚拙之气，加之口齿不清，简直动听极了。我当即大笑不止，狠狠表扬一番，用三根胡须在他脸上猛扎两口，连忙抱到楼上向奶奶和妈妈报喜。

这种一个字一个字往外蹦的说法，成了菜虫虫说长句的特点，他用自己的创造发明，解决了表达的一个难题，这样，就能说很多长句了。比如，今天在看图片的时候，他指着茄子跟妈妈说：夹—子，虫虫——要—吃——！

第三，菜虫虫的语音声调中，多有音乐性，一个字，他都能说得抑扬顿挫，变换各种声调。晚上，睡觉前，他要听故事，我们问他要听什么故事啊，他就说：小红帽。"小"和"红"两个字，他说得短促而轻，而"帽"这个中心词，他把它拖长了，并且声音转折，呈波浪形。

很多词语他都这么说，比如他狂爱吃奶酪，每天只要记起来，就不住地叫"奶酪～～奶酪～～"，直到他遂了心愿。好在他不吃糖，不喝成人饮料，否则，"饮料～～饮料～～"地叫起来，我们也殊难抵挡。

　　还有很多入声字，简直奇怪极了，真不知道他怎么发明出来的。比如"车车"这个词，前一个"车"，他就念得短促而声调向下，而第二个"车"，则视他自己情感需求的强烈程度而随时变换音调。如果第二个"车"也读作入声，那就表示一般性的陈述，仅在告诉我们一个事实而已；如果声音拖长了，那就表示是一个惊喜的发现，或者他有较为强烈的需求的愿望。前几天我带他坐了一次公交车，结果他喜欢上了这个大车车，现在上街，只要看到公共汽车，就叫起来：大车车。这里，第二个"车"字，他把音拖长了。我知道他想要坐，就学着他的声音，跟他说："爸爸——钞—票——唔末——"

2007 年

6

学步记

一年多来，我亲眼看着这个小家伙成长，心里固然有一种温暖湿润的感动，但最叫我惊异的，是他对自己身体操控的自主欲求不断在加强。

今天应该记一下，菜虫虫正式直立行走了，从爬行动物进化成了人类。今天是2007年3月22日，菜虫虫来到世间13个半月多几天。他终于甩开膀子自己开路了。

晚上我在客厅里，扯着他的衣袖，伺机放手。我老是这么干，一个月了。不过，他一察觉，就一屁股坐在地上，反转身抱住我的腿，嘿嘿坏笑。或者双手双脚支撑身体，在地板上爬行。今天，我趁他不注意，就放手了，他仍旧大步流星往前走，走出好几米去。后来他大概觉得不对，似乎没什么依靠，回头看我已经放开手，就一下子笑起来，转身扑到我怀里。

虫妈考试回来，我们又在书房里演习了几次，菜虫虫从门口走到窗口，两只手半举着，看似摇摇晃晃，但步履很稳。他自己似乎很有信心，一点也不怕。我很兴奋，把他举到半空中若干次。为了奖励他，到超市给他买了两包动物饼干。

其实正月初三那天，他一周岁不到，就会跨两三步了，从妈妈那里，跨到我这里。一边咧着嘴笑，似乎在做一件冒险的事情。后来初五那天开始发烧，感冒咳嗽一个多礼拜，就似乎变得很娇贵，不肯走了，如果我放手，他就一屁股坐在地上，然后爬来爬去。

自由是靠他自己习得的。一年多来，我亲眼看着这个小家伙成长，心里固然有一种温暖湿润的感动，但最叫我惊异的，是他对自己身体操控的自主欲求不断在加强。他从能够翻身，到能独自坐起，到能爬行，到现在能走，似乎就是一部人类的进化史。现在，他的活动空间得到了极大的拓展，自主能力也不断地加强。这于他自己，或者我们，都是很值得庆贺的事情。本来，我们想把他抱到哪里就抱到哪里，任人摆布；现在，他会拉住我们的一根手指，带我们去他想去的地方，而且非去不可。

半岁时，我们去医院例行检查，那时候菜虫虫只能独立地坐在地板上，医生用一块毛巾盖住他的脑袋，他就伸手扯下来，有些恼怒。他不愿意被人戏耍。医生用一个摇铃测他听力，他非要把摇铃拿到手里，而且直接伸手去取，医生愣了一下，待听力测完，便交给他玩了。

9个半月学会了爬行，是他这一年中的一个里程碑。会爬行之后，家里的每个角落他都能够自己到达了，这是他第一次获得这么多自由。沙发底下、厕所、厨房，都是他爱去的。我多数时候不知道他在想什么，但有时候会发现，沙发底下有他想玩的小足球。沙发太低，他太胖，衣服穿太多，爬不进去。

他就这样爬了好几个月，终于会站起来走路了。从此，他会获得更多的自由，我们都觉得很欣慰。13个月，不算早，但这毕竟是他自己学会的，他又前进了一大步。

现在，摆在他前面的，都是道路。他要学着走，而且，将来，他必然要一个人走。

前几天妻子看到一首纪伯伦的诗歌，我们都很喜欢，现抄录在这里，献给菜虫虫和所有的孩子：

> 你们的孩子，都不是你们的孩子，
> 乃是"生命"为自己所渴望的儿女。
> 他们是借你们而来，却不是从你们而来，
> 他们虽和你们同在，却不属于你们。

> 你们可以给他们以爱，却不可给他们以思想，
> 因为他们有自己的思想。
> 你们可以荫庇他们的身体，却不能荫庇他们的灵魂，
> 因为他们的灵魂，是住在"明日"的宅中，那是你
> 们在梦中也不能想见的。
> 你们可以努力去模仿他们，却不能使他们来像你们，
> 因为生命是不倒行的，也不与"昨日"一同停留。
> 你们是弓，你们的孩子是从弦上发出的生命的箭。
> 那射者在无穷之中看定了目标，也用神力将你们引
> 满，使他的箭迅疾而遥远地射了出去。

让你们在射者手中的"弯曲"成为喜乐吧；

因为他爱那飞出的箭，也爱那静止的弓。

2007 年

7

温暖与歉疚
——写给菜虫虫周岁生日

所有的新鲜感受都如在眼前，使我心里面
经常饱含着难以言说的感动。这种感受，
我有过了，就像犁铧犁过的田野，有深深
的印痕在心底，永远新鲜，永不褪色。

2007年2月3日，菜虫虫满周岁。晚上我和妻子哄他睡着了，在边上看他。妻子说：时间过得可真快，记得我们一群人刚在客厅里讨论究竟要不要一个小孩，你看，这个人就一周岁了。于是就开始回忆他刚来到世间的一些事情，比如我第一次摸到他一屁股绿色的胎粪时的那种尴尬和惊喜。菜虫虫剖腹产出来的时候，肺里进了一点羊水，一晚上不停地吐泡泡，我就睡不着，整夜看着他，晚上饿了，到通宵营业的可的便利店买粽子吃，整个妇保院浸没在幽暗中，营业员阿姨裹着厚厚的军大衣在打瞌睡。我呼吸着冰冷的空气，分明感到人生确乎不一样了，但又不确知不一样在哪里。

因为要进监护中心去吸肺里的羊水，我两个手捧着他，战战兢兢乘电梯去14楼，他整个身体柔若无骨，我真有无可措手足的感受。恰好周霖超打电话来祝贺，我手忙脚乱，不会接电话了。

他有个小床，放在妈妈边上，可是他并不安分，小手总要从襁褓中探出来。怕他着凉，我小心翼翼地把手放回去，不多久，他又伸出来。如是者三，后来我就随他了。我想，自由的天性多么强烈啊，我不应该阻止他。

所有的新鲜感受都如在眼前。那是一种全新的生命体验，使我心里面经常饱含着难以言说的感动。这种感受，我有过了，就像犁铧犁过的田野，有深深的印痕在心底，永远新鲜，永不褪色。所以我不做任何所谓的纪念性的事情，比如制一支胎毛笔、用水晶镂下一个脚印什么的，都不用，在心里面的印记，时时常新。

现在，这个小孩子已经很懂事了，他几乎能听懂我们说的每一句话，只是他自己还不会说。他淘气，才周岁，就懂得用一些动作引逗我们。比如他会拿一块饼干给我们，当我们伸出手去取的时候，他又飞快地塞进自己的嘴里。

近10个月的时候，突然有一天他会爬了。远处有一个他喜欢的玩具，他本来俯卧在地毯上，妄图翻身，突然手脚并用，迅速前行，就像战士的匍匐前进，直到拿到这个玩具。这以后，他就获得了更多的自由，他能够凭着自己的意愿在家里爬行，行动自如。从书房的门口，一直爬到阳台。有时候，爬着爬着，他会突然转向，因为边上有某一个东西突然引起他的兴趣。

他还不会独立行走，不过，客厅中间的茶几，给了他很多帮助，他喜欢一手撑住茶几，在茶几边上游走，就像在围绕着一个圆心作圆周运动。他能拥有的自由，是靠自身学习得来的，我似乎能感受到他自己的满意，当习得一项有助于自由运动的新技能时，他总是有些洋洋得意。有时候，当他完成某一项动作的时候，他回头朝我们一笑，我想，他是不是在卖弄啊。

6个多月时，妻子买了《天线宝宝》的DVD片，色彩鲜艳，是很好的视觉刺激的工具。当时他不喜欢看。7个多月时，他突然喜欢看了。现在，他经常会看着其中的一个情节傻笑。这个情节是关于一只王冠消失的故事。王后为了寻找王冠，就歌唱着呼唤王冠回来："王冠，王冠，你在哪里哟？"当王冠晃晃悠悠地从树梢上飞回来，刚好落在王后脑袋上的时候，他就开心地笑起来。

我还觉得他是一个很讲道理的人。晚上睡觉，我把家里的灯全部关掉，告诉他：天黑了，圣诞老爷爷睡觉了，小鸟睡觉了，小狗狗也睡觉觉了，小玻（一个绘本的主人公）也睡觉觉了，菜虫虫是不是也该睡觉觉了？他咿咿呀呀的，似乎不相信、不乐意，巡视了每个房间后，确认天确实黑了，才回到卧室，头朝我肩膀一歪，马上就睡着了。

有时候他生物钟错了，一年来，有好多次，突然在后半夜醒来，不肯睡。我就带他在卧室、在客厅踱步，不断地告诉他这是夜里。有一次窗帘没拉上，他发现窗外明亮的路灯，于是小手执拗地指着路灯，嗯嗯不已，似乎是指证我在说谎，或者是强烈要求出去玩。

有时候他也会心情不好，嗯嗯啊啊，怎么都哄不好。有各种各样的原因，比如困了累了，比如厌倦了，再比如，身体不舒服了。

有一次我都想把他扔了，因为他后半夜总是睡不踏实，老哭。真是"天皇皇地皇皇，我家有个夜哭郎"。那一次我就说：你再哭，我真把你扔了。但这次其实是他身体不好，受凉了，第二天量了体温，发烧。后来我很内疚，尽管他一岁不到，可能听不懂我的话，可是这个话真的很过分。菜虫虫在这一年里生过两三次病，都是感冒，只有一次发烧，虫妈整夜不睡，用冷毛巾给他退烧。

这一年，我也生了几次病，最厉害的一次，喉咙失声一个月。虫奶奶体重轻了 10 斤。虫妈妈则老是睡下去醒不来，都有黑眼圈了，因为后半夜虫虫哭闹，都是她在管——怕我把哭闹的菜虫虫扔掉？但我们都很开心，因为这是菜虫虫带给我们的。三个礼拜前，虫奶奶抱他下楼玩时，滑了一下，左脚跖骨骨折，这是我这一年最难受的事情。奶奶为了菜虫虫，付出了很多。

菜虫虫是一个有福的小孩子。在他还没有出生的时候，很多叔叔伯伯就给他带来了礼物。当菜虫虫来到人世，得到的关爱就更多了。我有很多感激和歉疚。从妻子怀孕到菜虫周岁，尽管我减少了很多跟朋友的交游，但还是有很多次离开妻子和尚在襁褓的孩子。妻子的宽容是我首先要感激的。我也感激朋友们对我的宽容和关心。写到这里，就有另一层感动。

我常想起黄健翔那个歇斯底里的呼喊：你不是一个人在战斗。我确实不是一个人。朋友们虽分散各方，我却觉得从来没有跟你们分开过。想起你们逗着菜虫虫玩，伴随他一同成长的时候，我便觉得菜虫虫背后仿佛有你们一群人的身影。

我不一一点名了，当奶爸并非如奥斯卡获奖，需要把每个认识的人的名字都报一遍。我希望，将来菜虫虫生活的世界，会有更多的自由度，更多的社会宽容度，使他能更好运用自己习得的自由。

2007 年

8

意志的杰作

——菜虫虫第 16 个月进步报告

晚上，菜虫虫睡着的时候，我瞧着他，陷入神秘主义，因为那是一个奥秘，你完全不清楚他的大脑里发生着怎样的微小变化。

菜虫虫能够自由行走之后，他的智力发育就似乎有了加速度。这使我确信人类学家的一个说法——直立行走，使得人类获得了更高的智能，从而最终从动物种群中独立出来。一个孩子的成长史，便是一部人类进化史。

菜虫虫每天都会发明一些新东西，你不知道这些想法、动作、表情，是怎样进入到他脑袋中的。晚上，菜虫虫睡着的时候，我瞧着他，陷入神秘主义，因为那是一个奥秘，你完全不清楚他的大脑里发生着怎样的微小变化。而这些变化，也许决定了很多我们无法预测的东西。所以你只好赞叹造物的神奇，并开始相信，宇宙洪荒、天地玄黄之中，一定有一个超越我们认知限度的存在。

于是，菜虫虫越来越向着一个古灵精怪、调皮捣蛋的小男孩发展。

比如，五一长假后把他从老家接回来，他已经学会了捶胸顿足。当他的意愿被违背，或者他的某个强烈愿望得不到即刻满足时，他就开始顿足大哭。此前，他只会哭，或者嘟囔，现在学会了顿足，就可以更强烈地表达不满——是可忍，孰不可忍？已经是比较级了。

　　一天下班，奶奶告诉我，菜虫虫学会做鬼脸了。这也是他自己的发明。中午我没回家吃饭，据说，菜虫虫坐在自己的宝座上，突然就朝奶奶挤眼睛，装作是个小细眼，把奶奶笑坏了。晚上我就问：虫虫啊，小细眼是怎么样的啊？他就朝我挤眼睛，眉头也皱起来，果然是"媚眼如丝"。这个发明很让我得意，觉得是可以向人家夸耀的。上周末，与黄晓丹、杨庆、周慧英一起吃饭，我就叫菜虫虫表演，可惜没能得到几位阿姨铺天盖地的表扬，心里颇有几分失落。

　　菜虫虫热爱洗澡。每天傍晚，我回家，就跟他说：虫虫啊，我们洗澡啦，你去把浴盆拿出来。他马上步履蹒跚地往卫生间走，抓住塑料浴盆往外拽，不过浴盆体积较大，于是我们跟他合作，一起抬出来。

我认为，菜虫虫走路的样子从背后看最好看。他就像一只丑小鸭，摇摇晃晃，多数时候还把两只手微曲着向前抬起，像一个走钢丝的拿着平衡棍。

当然，菜虫虫也发明坏事。比如，昨天中午，他就发明了用饭粒丢妈妈的游戏。因为菜虫虫很长一段时间里都跃跃欲试想自己用勺子吃饭，可是勺子到嘴边的时候，往往就变成了背面向上，饭粒全掉小餐桌上了。费了很大力，还是吃不到饭，于是，菜虫虫开始学习用手抓饭，就可以拿饭粒丢妈妈了。妈妈认为这是坏习惯，应该弹压一下，于是板起脸，轻轻拍了菜虫虫的手，菜虫虫委屈得扁了扁嘴，欲哭不哭，终于倔强地昂起头，继续拿饭粒丢妈妈。

菜虫虫很早就学会了点头和摇头，摇头的动作还像摇头本身，但是点头的时候，他是从腰部到屁股一起抖动，所以对于菜虫虫而言，这是一个全身运动。睡觉前，我问他：要不要听故事啊？菜虫虫就做点头这个全身运动，于是我就给他讲森林里的故事，故事是从一只大老虎的叫声开始的——

"啊呜——"，接着是大水牛叫——"哞哞——"，接着是山羊公公和小白兔。每天睡觉前我都给他讲这个故事，因为我似乎看到哪本书上说，小孩子需要简单和重复。于是就发生了这样的情况，我说：虫虫，爸爸给你讲一个森林里的故事吧。菜虫虫就说：啊——呜——

菜虫虫总是会叫我哭笑不得。尽管我曾很矫情地说，以后只要他能养活自己，蹬三轮车也没事，但是菜虫虫的"低级趣味"还是让我很失望。他最喜欢的事情依次是以下几件：扫地擦桌子；拿榔头和扳手修童车；每天在小区传达室等着我拿报纸。还有一些，他也喜欢，比如拔草、拿锅铲玩烧菜游戏或者长时间待在卫生间里玩开关水龙头，怎么叫都不肯出来。菜虫虫啊，君子远庖厨啊。

当然这是有原因的。第一是因为我家阿姨白天跟虫虫在一起的时间比我们多，她每天勤劳地扫地擦地擦桌子，菜虫虫看在眼里，记在心里，便要模仿。第二是因为小区里有一个大伯伯，他每天的任务就是装配童车，菜虫虫每天要在一旁观摩，他的小推车也是从那里买的。第三，小区小，菜虫跟保安大伯早就混熟了。怪不得孟母要三迁，怪不得蓬生麻中不扶而直呢。

2007 年初稿，2014 年改定

9

有时候我想
成为一个儿童文学作者

> 有时候我就傻想：不如我从此发愤，成为一
> 个儿童文学作者，亲笔写下那些我认为洁
> 白无瑕的童话故事，让菜虫能够有一个纯
> 净的童年。

菜虫虫已经到了要听故事才能睡着的年龄。其实他很不喜欢睡觉，尤其是晚上，有时候即便讲很多故事，他还是不肯睡，在床上鲤鱼打挺，蹦得欢。比如昨天，居然过了 12 点才睡着，还好昨天我有耐心，跟他讲了好多次"一二三四五，上山打老虎；老虎打不着，打个小松鼠"的故事。每次这个时候，我都累坏了，会小小地抱怨一下。当然，育儿专家们对我的指责我虚心接受——孩子这个习惯，跟父母有关啊。

但是，给菜虫虫讲什么故事好呢？这倒真是个问题。"上山打老虎"是不错，有一种来自民间的诙谐，我比较喜欢这个顺口溜，还将之敷衍成一个故事。可是，另外的呢？

虫妈买了好几张碟片，一张是童谣，一张是讲故事的。菜虫虫最喜欢听的故事是《小红帽》，经常翻来覆去地听。晚上睡觉前，妈妈问他：要听什么故事啊？他就说：小——红——帽——

可是，我读了《百变小红帽——一则童话三百年的演变》

（三联书店 2006 年 10 月版）后发现，原来《小红帽》是一个色情故事！后来，我就不太愿意给他听《小红帽》了。因为我总是将童话中的情节，联系到书中的解读。小红帽碰上了老狼，后果不妙。

接下来的故事是《白雪公主》。听得我毛骨悚然，阴谋、算计、刻薄、狠毒、嫉妒……几乎所有人性的恶劣，都展现在这个童话中。难道我们想要给孩子的就是这样一个可怕的世界？怪不得龙应台在《孩子，你慢慢来》里面说，她把这本书放在书架的最上层，生怕让孩子看到。

再接下来，是《手捧空花盆的孩子》。一个国王，年纪大了，没有后代，他要在全国的孩子中挑一个接班人。他把花种子发给孩子，说谁种出最美丽的花朵，谁就是王位继承人。于是，大家都手捧着美丽的花朵，等着国王垂青，结果，国王选了一个手捧空花盆的孩子。因为，他发给孩子们的种子，都是煮熟的。这个故事叫我气得不行——这不是诱民以罪吗！为什么全国的小孩子都说谎，归根到底不是这些孩子不好，而是国王出台了一个坏政策。所谓坏制度使好人变坏，而好制度使坏人变好。我厌恶这个国王那种自以为是的做法。

再接下来，是一个关于狐狸欺骗梅花鹿让它被狮子吃掉的故事。我不知道这个故事到底想培养孩子们怎么样的人生态度。

再接下来，是一只想飞的猫，一只猫，因为个人主义太严重，最后死掉了。

……

够了，我不想再列举了。好在菜虫虫已经把这张碟片弄坏，否则，我也要像龙应台那样，把这张碟片藏起来。

有时候我就傻想：不如我从此发愤，成为一个儿童文学作者，亲笔写下那些我认为洁白无瑕的童话故事，让菜虫能够有一个纯净的童年。就像晓丹阿姨说的那样："如果你们肯

一直不要长大，我愿意用一生经营一个糖果店，用巧克力做墙、甜饼干做瓦，只为你们的梦想开放。"（黄晓丹《虫虫和默默》）

这样的事情有过，本雅明就写到过让·保尔的矮小可怜的老师华滋，他靠写书慢慢有了一屋藏书，凡是坊间书单上他感兴趣的题目他都自己写一本，因为没钱买书。（本雅明，《作品与画像》，文汇出版社1999年1月版）如果我果真成为一个儿童文学写作者，那只是因为我没有看到或听到我认为适合我的孩子这个年龄段阅读的故事。

但这已经不可能了，因为我本不曾有过一个洁白无瑕的童年，现在也不是一个纯粹的、心中充满着对世界最大善意的人。想到这一点我就很气馁，于是将自己的设想全部推翻。事实上，我已经口头创作了很多故事，供莱虫虫晚上睡觉前选听，如《森林里的运动会》《小母鸡下蛋》《小夜灯流浪记》等。每次讲完这些故事，我就觉得自己想象力贫乏。我的心中没有温暖的爱，没有万物有灵论，没有成为一个儿童文学作者的纯洁与好奇。

　　万幸的是，这个世界上已经有 E.B. 怀特、有圣埃克苏佩里，在未来的岁月里，会有很多好的故事，等着菜虫虫自己去发现。

　　　　　　　　　　　　　　　　　　　　2007 年

⑩

时 光，请 走 慢 些
——写给菜虫两周岁生日

你看，人生就只有这么一个短暂的幼年，
我们都还没来得及疼这个小孩，他就已经
两周岁了。

有时候自己也觉得可惜，怎么一下子菜虫就两周岁了。照这样，再来几下子，菜虫就变成小伙子了。想到这里，我有些遗憾：怎么养都没养，小孩就长大了！舍不得啊。童年，你可不可以走慢些。

越是这样想，就越想把自己的全部空余时间都奉献给菜虫。我愿意整晚给他讲故事，愿意给他唱所有我会唱的儿歌，愿意趁着他妈妈不注意的时候，把所有巧克力都塞进他的嘴巴。跟菜虫在一起，似乎成了人生的终极意义所在。菜虫尿床也好，作息时间黑白不分也好，白天缠人半夜大哭大闹也好，我都愿意接受。你看，人生就只有这么一个短暂的幼年，我们都还没来得及疼这个小孩，他就已经两周岁了。

我在这么说的时候，把以前所有的辛苦都忘掉了，留下的只有菜虫带给我的幸福和欢乐。所以回忆就是一只淘箩，留下的都是美好的和有价值的。或者这些所谓的辛苦也算不上辛苦，我们的父母在生养我们的时候，遭受的难处更多。母亲曾说，我的哥哥出生时正值隆冬，母亲怕晚上睡着了压着他，就把他的襁褓放得很远，那时天冷，没有空调也没有电暖器，小小婴儿，脚上长了很多冻疮。现在哥哥都40岁了，母亲说起这件事来还是很难受。如此想想，现在的小孩，物质条件好了不止一点点。今年因为特别冷，菜虫胖胖的脸上也长了两个小冻疮，可把我们心疼坏了。但终归，我们感受到的快乐，比辛苦多得多。我曾经跟学生说，如果你的父母数落你，说你不乖，说他们为你操碎了心而你却懵懂不知，你应该反驳：我给你们带来了多少快乐，难道你们就一点都不记得？这是我的真实感受。

两周岁的小孩，已经很有自己的主意了，这些个主意，主要体现在对父母大人意见的反对上。就是说，菜虫会唱反调了，他大概觉得，否定我们的提议是一件很过瘾的事。比如夜深了，他还在玩汽车，我们说：虫虫，该睡觉了。菜虫就回答说：不要睡觉不要睡觉。我们说：菜虫，玩了泥巴要洗手哦。菜虫就说：不要洗手不要洗手。他把"不要"这个词用得非常娴熟。

他听得懂我们所有的话，但如果这些话是关于他的，他就有一个自动过滤系统。不爱听的，似乎没听见；爱听的，即便不是跟他说的，也马上落了耳朵。比如，我们叫他吃饭时不要玩汽车，他就似乎没听见，还是把玩具汽车开来开去，多数时候还开到饭桌上。但如果我们说，待会吃完饭带菜虫出去玩，他马上就听见了，立刻叫起来：虫虫要去外面玩！虫虫要去外面玩！

菜虫现在最喜欢的东西是船船和车车。大概十月里，我们去诸暨老家，母亲把以前豆豆哥哥玩过的遥控轮船拿出来，他惊喜地说：一只真的船船！每次去外婆家，他看到表姐妞妞的一辆玩具110汽车，很惊喜，抱起来，充满艳羡地说：这么漂亮的一部车车！搞得我很羞愧，似乎我从来没给他买过玩具汽车一样。事实上，家里地板上躺着很多汽车，大的小的、红的蓝的……

菜虫喜欢看书。杨庆阿姨送的那本《云朵面包》曾是他最喜欢的一本，现在已经"读书破万卷"了。妈妈警告他：

不要撕书，否则爸爸要骂的！我说：我不会骂的。菜虫说：
爸爸不会骂的。妈妈就把我的书拿过来给虫虫，叫虫虫撕。
可是我的书都是字书，又厚，菜虫不感兴趣。菜虫现在喜欢
一套花格子大象艾玛的故事，共10本，是一个英国人编绘的，
故事非常有趣，色彩也很好。菜虫经常主动要求：妈妈给我
讲"艾玛与风"的故事。于是我们把书拿过来，打开，刚要讲，
他自己就讲下去了，因为每一本我们都已经讲过无数遍，他
早就会背了。但是菜虫口齿不清，说起话来叽哩咕噜，只有
熟悉故事内容的人才听得懂。

　　菜虫还喜欢一套职业体验书，里面有卡车司机、火车司
机、面包师、赛车手等，他们都是一个小朋友的朋友，会带
这个小朋友去体验各自的职业。这套书是一个德国人编绘
的，菜虫记得所有德国人的名字：卡车司机叫彼得、火车司
机叫弗朗茨、面包师叫托马斯、赛车手叫尼古拉斯。我经常
问菜虫面包师叫什么这类问题，菜虫对答如流，这让我很愉
快——菜虫将来读外国小说不用着急了。我以前初读外国小
说，老是为记不住人名而烦恼，一本《飘》看了我一个月哦。

　　菜虫还喜欢唱歌。不过菜虫到现在为止乐感不是很好，他唱歌不是唱歌，而是一气儿念下去：啦啦啦啦啦啦我是卖报的小行家大风大雨里满街跑走不好滑一跤今天的新闻真正好七个铜板就买两份报。

　　念完，他拿眼睛看着我们，我们就鼓掌欢呼，表扬他唱得好。菜虫很享受这个时刻。

　　今天是农历正月初六，菜虫两周岁生日。

2008 年

11

黑暗中的睡前时光

两个月前，爷爷来看菜虫，我跟爷爷两个人喝红酒，倒在杯子里。菜虫看看，不像饮料，说：爷爷在喝酱油。敢情菜虫也是酱油党！

一开始，菜虫晚上10点左右睡觉，我觉得他睡得太迟了，很累很痛苦。接着，菜虫10点30分才睡，我觉得他睡得太迟了，更累更痛苦。接着，他要到11点半才睡，我无言承受。现在，菜虫经常要到12点才睡，我回想过去10点就能睡觉的日子，觉得那时候菜虫真是太仗义了，我的生活像天堂，感动得想哭。

我知道这是我们父母教育的失败，是我们父母自身的原因，但我打算投降了，不再追求对他教育的胜利。2006年夏天，菜虫半岁的时候，他一般白天睡觉，后半夜清醒。我很记得一个晚上，我抱着他看世界杯，可他似乎对足球不太感兴趣。想想过去，望望未来，我没辙，只能继续和他周旋。

一般，菜虫9点半到10点上床，离他睡着，还有漫长的2个小时，怎么办呢？我们想了很多办法来打发这段时光。

先是看故事书：淘气的小玻、天线宝宝、小红帽、汤姆上幼儿园、卡车司机、大象艾玛……可是不久，这些故事菜虫都会背了。我打开书，说："来，儿子，爸爸给你讲小玻的故事。"菜虫不听，从我这里夺过书，打开，就讲下去，口齿不清，飞快翻页，马上到了最后一页，说："故事讲完热！"

接下来是唱歌。我买了一个三碟装的儿歌集，《卖报歌》《采蘑菇的小姑娘》《小燕子》等等。菜虫高兴起来，就唱歌，把这碟里的歌曲一首首唱下去，唱完，自己鼓掌，然后弯下身子，脑门一直碰到地面。这是他在向听众表示感谢。

然后是背诗歌。我当然不给他背诗歌，好无聊的。以前有个朋友羡慕地跟我说：你是语文老师，你儿子肯定会背很多诗歌，将来语文一定很好。然而那时候，菜虫一首也不会。后来，2个小时实在太漫长了，我就教他背诗歌。菜虫一无聊，或许就睡着了。菜虫会背《静夜思》《春晓》《登鹳雀楼》《画》《草》《江雪》，还有"月亮光光，照我厅堂"，以及《诗经·关雎》的前4句。可是城市里面不太能看到月光，我家小房间，正对外面的人行道，每夜有白色的路灯射进窗户，照在墙上，我说，这就是"月亮光光，照我厅堂"。哎，这都哪儿跟哪儿啊！

前几天，欧洲杯小组赛，我只看 12 点那场，看完快凌晨 2 点了，回去睡觉。一天，突然听菜虫在说梦话，内容是：床前明月光，疑是地上霜。举头望明月，低头思故乡。他口齿清楚，干净利落地背完，翻一个身，又睡着了。

《江雪》，因为比较难，我教一句，给他解释一句：千山鸟飞绝，是说，现在，山上的小鸟都飞走啦；万径人踪灭，是说，地上的人都不见啦，回家啦，因为要下雪啦。一天，外婆来看菜虫，菜虫给她背《江雪》，手平伸，做一个挥出去的手势，说，现在，山上的小鸟都飞走啦……

菜虫背《登鹳雀楼》比较流利，中间不停顿：白日依山尽黄河入海流欲穷千里目花落知多少……

最后是认字。什么都要从娃娃抓起，菜虫可不能输在起跑线上。于是，我去书店买了一本幼儿识字画册。画册的硬纸片可以拆下来，每一张纸片都是上面写一个汉字，下面一幅示意图。比如，"果"字，纸片下面就是很多水果的图片；"桌"字，下面就是一张桌子的图片。多数都是实物，菜虫马上都认识了：笔、菜、纸、果、椅……神童啊，我由衷赞叹。虫妈不相信，她把纸片拿过来，用手遮住下面的画，再问菜虫，菜虫不响，使劲掰开妈妈的手，看到图画了，马上说：桌、果、笔……哦，原来如此。

有些字比较抽象，菜虫难以理解。比如"辣"字，下面是一只红辣椒，我问菜虫：这什么字啊？菜虫说：红。行，小伙子挺有想法。有些画我觉得有些牵强。比如："快"，用一辆汽车表示；"慢"，用自行车表示。这些字都不指代具体实物，教 2 岁半不到的小朋友识别，有难度。"苦"字怎么识别呢？菜虫没吃过苦。这张纸片下面的示意图是一杯深色的咖啡。我问菜虫：这什么字啊？菜虫说：酱油。

两个月前，爷爷来看菜虫，我跟爷爷两个人喝红酒，倒在杯子里。菜虫看看，不像饮料，说：爷爷在喝酱油。

　　敢情菜虫也是酱油党！我的识字训练，到此宣告失败。

2008 年

⑫

读书人菜虫虫

《睡前的泰迪熊》里的威廉，睡觉前要带上
很多东西，毛巾、苹果、热饮料……后来，
在很长一段时间里，菜虫睡觉前也要带上
很多东西，汽车、天线宝宝的被子等。

一般而言，我们家里就属菜虫同学最忙。早上睁开眼睛就不闲着，似乎有许多工作等着他处理。他在各个房间里窜来窜去，先要把厨房里所有的锅都拿出来——平底锅、蒸锅、炒锅、铝锅、铁锅……还有大勺子小勺子。后来他想起有别的事情还没处理，就来到小房间，把纸盒装的纯牛奶一个一个从箱子里拿出来，叠成建筑物的样子。中间顺便回一下卧室，把他昨晚撂倒的又被妈妈扶起来的垃圾桶再次撂倒。然后来到书房，把够得着的书柜格子里的书全部扔地上，说：唉唉唉，谁这么调皮，又把书书扔地上。

菜虫养着3条金鱼，他每天都要把每条金鱼捏一遍。亏得3条金鱼强壮。有一次，他在厨房里把整桶的花生油全倒在地上，搞得我们一家连续好几天"油头粉面"。

菜虫就像一只辛勤的蚂蚁，忙忙碌碌，嘴里还念念有词。最近是演唱《北京欢迎你》，不过菜虫唱的是恶搞版《国足欢迎你》：我家球门常打开……

有时，我会突然找不到菜虫了。这个时候，他八成在看画书呢。他似乎只有在看书的时候才是安静的。他坐在床上或书房的地板上，翻得很认真。看书教给了菜虫很多东西，一定程度上塑造了菜虫。

我每天下班回家，一开门，菜虫就跑过来迎接，说："爸爸回来了，爸爸，喵……"这个"爸爸，喵"是《云朵面包》里面的。

有一段时间，菜虫特别喜欢拆靠枕，他把沙发上的几个靠枕拉链打开，把里面的腈纶棉絮挖出来。我说：菜虫，你怎么这么喜欢破坏？菜虫就把他的天线宝宝也拆了。天线宝宝背后是个拉链，里面也是腈纶棉絮，菜虫全部扯出来，说：小白云。对，这也是《云朵面包》里的，这个腈纶棉絮跟小白云还真像。有一天我们家的靠枕全被拆了，我就要杨庆阿姨赔，因为《云朵面包》是杨庆阿姨买的。

《小玻的故事》，是黄晓丹阿姨买的。菜虫喜欢捉迷藏，

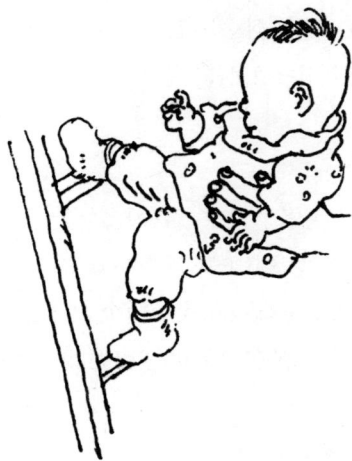

因为小玻过生日的时候捉迷藏，很好玩。不过，菜虫喜欢叫我们躲起来，他来找。有几次，他找不到我，一转身就把捉迷藏的事给忘了，自己玩汽车去了，我该怎么办呢，出不来了！在我们的强烈建议下，菜虫也躲起来，叫我来找，可是菜虫每次都躲在他的餐椅后面，他不会找第二个地方躲起来。

菜虫睡觉是个大问题，该睡的时候不睡，即便困极了也不肯轻易睡着。两周岁左右的时候，妈妈买了一套《睡前的泰迪熊》，里面几只五颜六色的小熊也不肯睡。威廉，睡觉前要带上很多东西，毛巾、苹果、热饮料……后来，在很长一段时间里，菜虫睡觉前也要带上很多东西，汽车、天线宝宝的被子等。

艾玛是一头绝无仅有的彩色花格子大象，有很多好点子，是象群里的开心果。有一次，艾玛想出来踩高跷的方法，来躲避猎人的追踪。我把菜虫的两个小脚放在我的两个大脚上，一起迈步，我把这个叫作踩高跷。现在，菜虫每次嘘嘘，都要我踩高跷给他踩过去。

　　在艾玛的画书里，有一次艾玛把象群逗乐了，象群发出"嘭"的巨大笑声，书里面用"BOOO"的字母来表示这个巨大的笑声。因为是手写体，B字母写得像"8"字，我就跟菜虫说，这读作八〇〇〇。有一次我跟菜虫在外面散步，有一辆宝马停在路边，车牌号是8000，菜虫手指车牌，说：嘭……

　　　　　　　　　　　　　　　　　2008 年

13

孤独的孩子，
你是造物的恩宠

这个孤独的孩子，全部沉浸在自己的世界
中，外人很难进入。他的喜怒哀乐，还不
能清晰表达，尽管我能猜测到一些，却不
能给予全部的安慰。

　　我有时看着菜虫一个人在家里自娱自乐，心里会突然萌生一种歉疚和不安。这个孤独的孩子，全部沉浸在自己的世界中，自成一统，外人很难进入。他的喜怒哀乐，还不能清晰表达，尽管我能猜测到一些，却不能给予全部的安慰。更要紧的，他是另一个身体，是与我相异的一个自足的个体，我究竟能给予他什么呢？

　　他生活在他的童话世界里，可以说，这是一个泛神论的世界，汽车、积木、小船，每一样物体，都是有灵魂的。菜虫醒着的时候，就在客厅里玩这个玩那个，嘴里念念有词，手里任何一样东西，都可以成为他想象中的某一样事物。他会拿着一个长方形盒子的蛋糕说：这么好的一只船船。然后推着盒子在地上移动，说：船船开过来了。积木比较好玩，可以搭建成汽车，可以搭建成轮船，也可以成为所有他能够想见的东西。在这样的时候，菜虫对我们视若无睹。

　　其实，父母能跟孩子在一起的时间真的很少。当然，这是每一对父母的焦虑，他们总是认为自己跟孩子相处的时间太少了。最近，因为孩子在诸暨乡下待的时间久了些，虫妈质问我：你怎么知道他在诸暨不想念我们呢？是的，我们无从知道这个小小的脑袋里究竟藏着什么，可能这就是人与人彻底孤独与割裂的原因，即便这个孩子是你的骨血，你心里藏着无限的爱意。

　　每次，菜虫在夜里伤心哭泣的时候，我就觉得特别无助，我不知道他哪里不舒服，但我知道有某种不舒适笼罩着他。在那个幽暗的小身体内部，有多少我未知的东西啊。我穷尽一生，看他成长，恐怕也只能是渐行渐远吧。小一点的时候还好，只要妈妈柔声安慰，抱抱摇摇，唱点儿歌，他就能逐渐平静下来。现在，若是夜半哭泣，那种无助，我们毫无办法，而他的哭泣，可能仅仅是做噩梦了，有时还会伴随着一些梦话。比如，不要剪头发；比如，还要看天线宝宝。这个时候，我的感受是又焦虑，又好笑。

　　有时候，我想，若是双胞胎，也许会好一点吧。孩童之间，或许有一些言语，是他们才能互相理解而为我们成人所不能知晓的，就像蚂蚁之间会互相问候一样。曾经，我也想过，如果国家允许自由生育，我们会不会再要一个，让他和菜虫做伴。我和妻子的回答都是否定的，因为我们害怕——生育与抚养这项工程太大，我们不想再有第二次了。然而，近年来我的想法有所改变，这个改变是随着我对爱的认知的加深带来的。菜虫现在有时候也希望有个玩伴，他常问我，为什么陈天译可以有个弟弟，而他却没有。我曾经担心两个孩子会把我们的爱分成两半，但事实是，如果有两个孩子，那我们的爱，就会加倍，因而每一个孩子都得到了双倍的爱。而这种爱，在父母身上，是无尽的源泉——爱不同于其他物事，你给予他人，自己就变少了。爱的特质在于，爱是越给予越丰富的。

2008 年初稿，2015 年改定

14

我宁愿两手空空

——写给菜虫三周岁生日

此刻，菜虫小朋友在我身边发出微微的鼾声，我觉得心里很踏实。我想我即便两手空空，这个顽皮的孩子，仍是上天给我的最大恩赐。

时光飞逝，一转眼，菜虫已经三周岁了。到 2 月 10 号，他就要去幼儿园过集体生活了。我挺盼望这一天的到来，因为无论我们父母和长辈有多疼爱他，他始终是个孤独的孩子。也许去幼儿园，会有新的改变，同龄人在一起是必要的，他们会建立一个自己的世界。《汤姆小兔》绘本里有一册，叫《汤姆上幼儿园》，讲的就是汤姆第一次上幼儿园的故事，我最近老是讲给菜虫听，希望给他一点心理暗示。我预计他的适应期会很长，因为他一直不擅长交流。这是我最担忧的社会化的开始。我能给他的全部溺爱，以后就有了鞭长莫及的地方。不过，即便菜虫面临很多困难，那些困难也是他自己的，自己的体验才是最重要的。

昨天菜虫生日，妈妈给他买了一盒抹茶冰激凌蛋糕，他就不吃饭，只吃冰激凌了。不过他对所谓的生日并没有太多感受，他现在最感兴趣的是村边的沙堆，以及几条小溪和可以扔进去溅起水花的石块。今年寒假，我一直待在老家，带着菜虫在附近玩，看到的人都说，要养出山了，真快啊。的确，回头去看的时候，才觉得时间过得快。此刻，菜虫小朋友在我身边发出微微的鼾声，我觉得心里踏实，颇有些抚今追昔之叹。我想我即便两手空空，这个顽皮的孩子，仍是上天给我的最大恩赐。

大概有半年，我都没有记录一点菜虫的生活。10月份写过一篇《未来主人翁》，约7000字，分三个部分："自由的崛起""规训与惩罚""我所不能改变的"。后来发在小狐他们的杂志。但这半年来，菜虫的进步非同小可，尤其是他的思维能力，有了一个从蒙昧到自觉的飞跃。这个思维的飞跃，主要体现在他的语言能力上。

7月之前，菜虫他还处于鹦鹉学舌的阶段。我写过《学舌记》，记载他人云亦云的故事，我说一，他也说一，他所谓的讲故事，基本上就是背诵我给他讲述的内容，但我真惊叹孩子的记忆能力。

菜虫有一套泰迪熊的绘本，其中一册叫《太黑了》，讲泰迪熊睡觉前关了灯，太黑了，他害怕。故事说过就说过了。

7月的一天，奶奶去合肥看太祖母，晚上我和菜虫在书房玩，睡觉时间到了，我关了灯，想叫菜虫睡觉。菜虫一定叫我把灯打开，不打开他就哭闹。我问他为什么要开灯，菜虫说：太黑了，我害怕。这是我第一次听到他用语言正面表述自己的意见。当时我很惊喜，就用开灯作为奖赏，于是他很迟才睡觉。这几天，菜虫每天都很迟睡，上午睡懒觉，睡到太阳晒屁屁我也没辙，这是我们做父母的自己也这样的缘故。

8月，我带菜虫去游泳，菜虫也穿游泳裤，戴游泳帽。他两岁半，胖胖的四肢，腆着小肚子，几乎是游泳池里年纪最小的孩子。泳友看见了，对我说：你儿子从这么小开始练游泳，将来肯定是奥运冠军。呵，当时奥运会激战正酣，不过我可不是为了培养菜虫当冠军，只是带他玩。时有漂亮阿姨看见菜虫可爱，过来亲他，菜虫来者不拒。

不过，菜虫对水尚有抗拒，第一次进深水池，我虽给他套一个泳圈，他还是两手死拽住我不放，围着我的脖子，随波起伏。我就带着他仰泳，让他骑在我肚子上。后来我觉得不对，男子汉怎么这么胆小！就把他扔在池边，叫他自己抓住池沿，学习狗刨式扑腾。我双手放开他的那一瞬，他大叫：爸爸爸爸，我害怕！咳，还是从《泰迪熊》那里学来的。

思维的飞跃，让他开始有了自己的主张。现在做什么，都得听他自己的意见，基本不能违背他的意思。他还学会了唱反调，稍有不顺意，便和我们对着干，以显示他的自立。我说：要洗手，你看小手脏脏，像个泥娃娃。他就说：小手不脏；或者直接说：虫虫要做个脏脏的坏孩子。早上不肯洗脸，强行洗脸之后，便用手在脸上搓，说是要把擦掉的东西涂回去。不过，多数时候他倒是喜欢在脸上搽香香，强生的婴儿护肤品，白色的，挑一大块，抹在下巴上，照着镜子说：看，像不像圣诞老公公？

菜虫爱上了画画。很久以前，就买了油画棒，已经把家里的白墙涂到花花绿绿了。不过现在他都画在速写本上。最爱画的是车车，先画一个大圈圈，下面画两个小圈圈，车身和车轮就齐全了。"车车开过来热。"菜虫大着舌头说。

过年前，一次我和菜虫在河边玩，扔石头，看船船。另有一个孩子，吃着薯片可比克，鼻涕溜溜地过来和菜虫玩。我问他：小朋友，你几岁啊？小朋友说：5岁。哦，比菜虫大。我再问他：小朋友，过年之后你几岁啊？小朋友说：过了年，我就回汉川呃。哦，答非所问嘛。我再问：小朋友，过了年，你几岁啊？小朋友说：这位弟弟要不要吃薯片？真好，仗义疏财啊。菜虫小朋友等不及了，冲我伸出4个手指：4岁。

2009年

⓯

渔夫菜虫虫

我该怎么跟菜虫解释，所谓兜风，不是一个具体的所在，而仅是因为吃饱了撑的没事干而绕来绕去呢？

菜虫本来喜欢一套《花格子艾玛》的绘本，后来就更喜欢《汤姆小兔》这套绘本了。其中有一本《汤姆去海边》，菜虫喜欢了好长一段时间，经常拿来看。幼儿园放学后，有时候坐在床上，自言自语能看很久。

我就跟菜虫说：什么时候爸爸带你去看大海啊！菜虫精神很足地大声回答：好的。这个"的"字的读音是向上的，还有些曲折，像一个区间的正弦曲线，颇有余音绕梁的意思。

今年，本地一个叫大滩的湖泊上，开了个水上公园，有游泳池，还有人造沙滩，开始营业后，我带菜虫去玩。我跟菜虫说："爸爸带你去看大海吧。""好的。"菜虫还余音绕梁地说，不过，这次菜虫还加了一句："我们坐飞机去！"吓了我一跳，连忙跟他说：我们还是坐 7 路车去吧。菜虫对 7 路车有感情，上半年他在幼儿园的号码就是 7，毛巾、杯子、凳子什么的，编号也是 7，所以公交车也只坐 7 路，不管目的地是哪里，统统坐 7 路。

至于要坐飞机这一点，也来自《汤姆去海边》这个绘本，汤姆的爸爸妈妈带汤姆和佐艾去海边，就是坐飞机去的。我只好跟菜虫解释，其实不是大海，只不过看着像大海，也有沙滩，沙子白白的，我们带上玩沙子的工具，可以在那里造城堡。汤姆和佐艾也是在海边造城堡的。菜虫宽宏大量地原谅了爸爸的故意欺骗。

这个大滩的人工沙滩还挺好玩，我带菜虫去了几次，最终觉得这还是在欺骗孩子。为了做负责任的父母，我和虫妈庄严决定，8月份，带菜虫去朱家尖，看真的大海。菜虫很高兴地答应了，于是我们在8月份真就去了朱家尖。详情不表。菜虫不很适应，因为这是菜虫有生以来第一次不睡在自己家里，他有些认床，还想奶奶。加上头天他扁桃体发炎没完全好，海风吹吹受了凉，回来就得了支气管炎。这全怪我，一直很内疚，还好吃了点药不久即痊愈了。

真的看到大海的时候，菜虫很开心。他从小就喜欢沙子，百玩不厌，现在到了沙滩上，一路狂奔，拿着铲子车，专心

致志，倒也得其所哉。朱家尖有个景区叫乌石塘，非常特别的是，这里几百米宽的海岸线全是黑色的鹅卵石，层层叠叠，煞是壮观。我和菜虫在上面散步，深一脚浅一脚。看到当地渔人晒着的渔网，绿色的网，带着强烈的海腥气，菜虫问我这是什么，我就给他解释，打渔的网，把这个网扔到海里去，就把鱼捕上来了。

一晃就到了9月份，菜虫又上学了，这次，他是正式的小班的学生了。双休日的一天，我用电动自行车，带菜虫去兜风。顺便说一下，菜虫开始以为"兜风"是一个很好玩的地方，类似于大滩水上公园或者大树乐园这样一个适合孩子玩耍的所在，所以我第一次跟菜虫说去"兜风"，并用电动车带他骑来骑去的时候，菜虫老是跟我说，要去兜风，不肯回家。一直兜到电动车都没电了，回到家门口他还说要去兜风。这给我提了一个很现实的难题：我该怎么跟菜虫解释，所谓兜风，不是一个具体的所在，而仅是因为吃饱了撑的没事干而绕来绕去呢？

　　那天带菜虫经过儿童公园门口，菜虫兴奋地说：这是儿童公园。最后一个字还是往上的声音，像一个区间的正弦曲线。我就知道他想去。第二天，我和虫妈带他去玩了个尽兴，回来时，在鱼池边上买了两条小金鱼，红色的。家里有小的塑料鱼缸，养过好几次鱼，但这些鱼终于受不了菜虫老要用手捏一下的恶劣行径，一条条英年早逝。我跟菜虫说好，不许再用手捏，鱼鱼要痛的。菜虫答应了，我们才买下来。

　　回家放进小鱼缸，我在洗手，突然听到虫妈发出了古怪而惊喜的笑声。回头一看，菜虫站在小凳子上，刚好够得着放在洗手台上的鱼缸，手里拿着一个绿色的塑料编织袋，那是去年冬天我们买沙糖橘吃完之后没扔掉的包装袋，他用手一抖一抖地正放进鱼缸去捕鱼呢。

　　这就是渔夫菜虫虫的故事。

外一篇：菜虫的英语课

我们给蔡虫读的是双语幼儿园，其实不是我们打算从小叫菜虫学英语，只不过这个幼儿园离我家最近。既然是双语幼儿园，学校就让我们买幼儿英语教学的碟片，年初就买了，一直没给菜虫看过。5 月，虫妈突然记起来了，就给菜虫看，菜虫一看就喜欢上了，因为这个片子里面又唱又跳，煞是热闹，菜虫也跟着片子里的阿姨边唱边跳：Dinner is ready……有一天，菜虫在地板上坐着，拿着油画棒，在纸上画画，我过去看，原来菜虫在画梯子，先一竖，再一竖，再一横，奇怪的是，这两个竖，上面碰牢了。只听见菜虫说：这是一个 A。天哪，我儿子会说英语啦！

过了几天，我和虫妈带菜虫去超市，路上问他：虫虫在超市里要买什么啊？菜虫迟疑了一会儿，说：Cookie。

再后来，菜虫不爱吃苹果，但是只要跟他说，这是 Apple，他就吃了。

这就是菜虫学英语的故事。

2009 年

哦 · · · · · ·

16

初读幼儿园

　　每次去接他，走进幼儿园的时候我都很高兴，隔着玻璃窗看到每一位小朋友都那么漂亮可爱，想想菜虫和他们一起成长，真是一件愉快的事情。

　　焦虑了很久，菜虫还是上幼儿园了。我们选择了一个离家最近的私立幼儿园，这样上学放学就可以走着去接了。到今天，正好一周。

　　菜虫不喜欢幼儿园，无法与奶奶或妈妈分开，不会和别的小朋友沟通。我当然知道这都是他必然要面对的，但事到临头还是很焦虑。去年开始，我们就不断给菜虫心理暗示，那本《汤姆去幼儿园》的绘本故事不知道讲了几遍，还叫虫妈像故事里那样，给他买一个新书包，还有铅笔盒、油画棒。我跟虫妈说，第一次送去的时候，你还得像汤姆的妈妈做的那样，给菜虫一块手绢，告诉他，想妈妈的时候，就看看手绢，就像妈妈在你身边那样。虫妈说没有手绢，用纸巾代替算了。

　　2月10日那天，我和虫妈郑重其事地帮菜虫背好书包，然后和奶奶再见，去了幼儿园。谁知道这一天只是报到，不是正式上课，于是我们逛了一圈，滑了一会儿滑梯，坐了一下秋千，就回家了。第二天我有事走不开，菜虫上学第一天，是妈妈和奶奶送去的。

　　总体来说，菜虫同学还是表现不错的，除了不会自己吃饭，不能和别的小朋友交流，不听老师指挥之外，都还比较省心。当然，我的期望值比较低，只要不哭不闹，能在亲人不陪同的情况下情绪稳定，就足够了。大概前面三年他都一个人玩惯了，在幼儿园 20 个小朋友里，也是一个人玩。中午我去接他的时候，他总是一个人玩，别的小朋友都已经能在老师的指挥下一起开火车了，他还是自得其乐，时而喃喃自

语，时而引吭高歌。他生活在《天线宝宝》和《汽车总动员》的世界里。我想这不太好，3 周岁应该开始能和别人交流了。但我相信，他总会融入到其他小朋友中间的，他属于慢热型。

　　每次去接他，走进幼儿园的时候我都很高兴，隔着玻璃窗看到每一位小朋友都那么漂亮可爱，想想菜虫和他们一起成长，真是一件愉快的事情。

　　　　　　　　　　　　　　　　　　　　　2009 年

17

捣蛋记趣

经过一个暑假与菜虫的"相依为命"，我总算能为菜虫目前的状态下一个断语了：一个人，一辈子做一件坏事不难，难的是一辈子光做坏事，不做好事。

经过一个暑假与菜虫的"相依为命"，我总算能为菜虫目前的状态下一个断语了：一个人，一辈子做一件坏事不难，难的是一辈子光做坏事，不做好事。在领教了菜虫无数富有创意的捣蛋事件之后，我终于明白了，这句话是用来形容这位看上去老实巴交事实上调皮捣蛋的坏孩子的。

陈叔叔说，这孩子做坏事有天赋。这大概是有几分靠谱的，他刚刚学会走路没几天，就知道怎么做坏事了。那次是我们几个在吃饭，一转头不见他的踪影，追到厨房却为时已晚，他把大半桶金龙鱼调和油都倒在地砖上了。那几天我们进出厨房都小心翼翼，地砖上了润滑剂，油光可鉴。

今年夏天，菜虫有了很大进步，他会帮我做事了。一天下午，我在书房，菜虫在客厅忙活，后来我听见一阵水声，正想站起来去侦察情况，他拿着两只湿漉漉的手机来了，说：爸爸，我帮你把手机洗过了。

我不想批评他，因为菜虫每天看爸爸妈妈洗洗涮涮，说不定是想帮帮忙。前一次，中午洗碗的时候，菜虫冲我伸出一个手指说：爸爸给我点洗碗精。我说只有洗洁精，没有洗碗精。菜虫说：给我点洗碗液。我说只有洗手液，没有洗碗液。菜虫说：洗手液是洗手的，洗碗液是洗碗的。他门儿清啊。

后来有一次，妈妈放好水，要给菜虫洗澡，菜虫还没准备好，妈妈就去晾衣服。菜虫"噔噔噔"飞快跑到阳台，一脸无辜地说：妈妈，你的包怎么在水里啦！妈妈的新包是今年过生日时舅舅从海外带回来的礼物。妈妈一听知道糟了，连忙抢救，里面已经灌满了水，手机、钱包、发票、名片，都滴滴答答往下滴水。虫妈生气了，宣布：我不给你洗澡了，你自己洗！这天晚上，菜虫很无奈，只好接受让爸爸洗澡的现实，嘴里嘟嘟囔囔地说：爸爸洗不好，妈妈洗好。

菜虫有一次在厨房里发现了冰糖，以为是冰块，放在嘴里是甜的，大喜。于是要求把所有冰糖放在冰箱里，不时拿出来吃一块，成为真正的冰糖了。

菜虫今天听虫妈讲《鸽子捡到一只热狗》，他第一次听到"热狗"这个词，于是问妈妈：有没有"冷狗"？

菜虫有次跟爸爸洗澡，看到爸爸的腋毛，惊喜地说：爸爸，你这里长胡子了！

有个晚上，菜虫要上床睡觉了，突然说：妈妈要送我一个漂亮的礼物。妈妈问为什么。菜虫说：因为菜虫歌唱得好呀。菜虫最近最爱罗大佑的《光阴的故事》。

菜虫后来决定要一只船船作为礼物，趁他去诸暨奶奶家时，我在淘宝买了一个遥控船。菜虫从诸暨回来，第一件事就是要看船船。我打开包装盒，菜虫见后大失所望，说：这么小的！我知道，他是想要环城河里开的大游船。

有一次出门前，菜虫吵吵着要穿有口袋的裤裤。临出门时，他抓过我的旧手机，塞在了裤兜里。他说：爸爸有手机，菜虫也有手机。

电影《深海探奇》一开头，一只海龟从沙滩里钻出来。菜虫惊喜地说：乌龟。我纠正他说，是海龟。菜虫吃完冰激凌，就在影院里睡着了。第二天一早，我问菜虫：昨天从沙滩里钻出来的是什么啊？菜虫眼珠子骨碌转，努力回忆，大叫：海乌。

2010 年

18

儿童修辞学

通感是基于我们身体最基本的感受而言的。比如洗脸的时候不让我洗，非要妈妈洗，菜虫就说：爸爸洗辣的，妈妈洗甜的。早上去幼儿园，菜虫不让我送，非得妈妈送，就带着哭腔说：妈妈送甜的，爸爸送辣的。

晚饭后，菜虫强烈要求去散步，他的目的地很明确，就是今年新落成的世茂广场，离家很近。那里有冰激凌、爆米花、儿童游乐场、电影院，因此成了菜虫最向往的地方。

进自动门的时候，我突然做出努力发功的样子，大声叫道：芝麻，芝麻，开门吧。两扇玻璃门就像听我的咒语一样自动移开了。我得意地跟菜虫炫耀：你看，不错吧，爸爸多厉害！菜虫左手牵着爸爸，右手牵着妈妈，像悬挂一样晃进门，走两步，一回头，带着狡黠的微笑，轻描淡写地说：芝麻芝麻，关门吧。门自动关了，爸爸一下子无地自容。

这一类小智慧菜虫现在运用起来游刃有余，他稚拙可喜的话语里似乎有一种天生的幽默。比如他早上不想去幼儿园，就建议爸爸妈妈去幼儿园，而虫虫去上班。吃饭了，他走过来，环视一下桌上的饭菜，发现没有萝卜，就大喊：要吃萝卜。有一次外婆以为他真要吃萝卜，连忙安慰：明天外婆给你去买。其实这是菜虫不想吃饭的一个小伎俩，他环视餐桌，主要就是为了看一眼都有什么，以便发明出一个爸爸妈妈没做的菜来。多数情况下，他会大喊：要吃辣椒！等我真把红红的辣椒拿来，他又笑着跑开了。辣，是菜虫的词典中意思最坏的一个词。因为有一次吃花生米菜虫被辣到了，从此记忆犹新。

偶尔，也许真是肚子饿了，也许确实饭桌上都是他爱吃的土豆、西兰花、番茄、肉肉之类，菜虫也会抒情一下。妈妈说：虫虫，吃饭啦。菜虫就从阳台跑过来，站在餐桌边，大叫一声：哇，这么多菜菜啊！妈妈这个时候所有的劳累辛苦，全都烟消云散了。

夏天，菜虫最爱吃的当然是冰激凌。他为冰激凌发明了很多昵称，比如"吧激凌""崩激凌"。他偶尔做了件好事，我赏他一粒小小的雀巢巧克力小丸子，他鼓起嘴巴来缓缓咀嚼，虔诚专注，甭提多享受了。但如果问他：菜虫，你最爱吃什么呀？他的回答却是爆米花。他是这样回答的：爆嗷嗷嗷～米咦咦咦～花啊啊啊～

　　菜虫最害怕的饮料是可乐，其次是咖啡，就像蜡笔小新最害怕青椒那样，这是爸爸妈妈用阴谋引导的结果。爸爸妈妈夏天都喝冰可乐，但又怕菜虫也喝，因为可乐小朋友不能多喝，于是我在喝可乐的时候，就会做出愁眉苦脸的样子，一边叹气一边喝，说：太辣了！然后建议菜虫尝一点，菜虫就跑，我满屋子追他，假装一定要叫他喝。菜虫跑到书房，又躲进卧室，边跑边笑边叫：辣的！

　　暑假里，我在做晚饭，把菜虫爱吃的土豆切成一片一片，准备放到锅里蒸。菜虫在身边盘旋，突然说："美女私房菜"里也是这么切的。菜虫看凤凰卫视，两年前还喜欢梁文道，最近喜欢主持人沈星，如果等一会儿还没看到沈星，就大叫：要美女主持！又接着说：可是爸爸不是美女！我几欲狂笑，故作镇定地问：爸爸为什么不是美女？菜虫说：爸爸不漂亮。妈妈在做饭的时候待遇就不一样了，菜虫说：妈妈也是美女。我说：这个马屁精。

　　嗯嗯也有说法。菜虫不想嗯嗯而我建议他嗯嗯的时候，他就把我推到马桶边，说：爸爸去嗯嗯。菜虫今年夏天最大的进步是能自己坐在抽水马桶上嗯嗯了，为了奖励他，有时候趁他嗯嗯，我会给他读《谁嗯嗯在我头上》，读到"猪先生噗的一声解出一坨大便"时，菜虫就笑了，他觉得"噗"这个拟声词特别逗。后来他对这个绘本的内容了如指掌，快要读到猪先生这一段时，就已经开始微笑，准备大笑了。

爸爸妈妈对菜虫的评价是一贯的：这孩子，除了发脾气的时候，都是可爱的，不过，一天当中，菜虫多数时候都在发脾气。爸爸妈妈的纵容，加上奶奶的超级纵容，菜虫的"无政府主义"变本加厉。姐姐啊、哥哥啊，都跟菜虫玩不到一块，因为菜虫自我中心，一意孤行，他只跟着自己的感觉走，悠哉游哉。而且，他会发明很多独具匠心的坏点子，你会惊讶地发现，他是一个天生的捣蛋鬼。漱口时，他会含一大口水，使劲喷出去，说是喷泉。刷牙，他会拿牙刷刷鼻尖，还故作诧异地说：咦，怎么刷鼻子啊，这是牙刷，不是鼻刷呀。

菜虫最擅长使用的是反义词，以此来反对爸爸妈妈的权

威。最简单的就是用"不"字来表示否定。菜虫，我们睡觉
了好不好？不好。菜虫果断地否定。我于是变换一种话语方
式，不用商量的口吻，而用祈使句：菜虫，我们睡觉了。不
睡觉。菜虫还是果断否定。我再变换语气：菜虫，睡觉！不
睡觉～～。菜虫这次的否定，果断之外，还带了拖音，表示
更强烈地反对爸爸的权威。

　　不过，我觉得菜虫运用最出色的，是通感的修辞手法。这是他的原创，我头一次听到时，深为惊异。凡是好的事情，菜虫会用"甜"来表示；坏的事情，则用"辣"来表示。可见，通感是基于我们身体最基本的感受而言的。比如洗脸的时候不让我洗，非要妈妈洗，菜虫就说：爸爸洗辣的，妈妈洗甜的。早上去幼儿园，菜虫不让我送，非得妈妈送，就带着哭腔说：妈妈送甜的，爸爸送辣的。好吧，妈妈是甜的，爸爸没意见。所以我认为甜美、甜蜜，都是世界上最好的词语。歌曲《小红帽》里唱道：当太阳下山岗，我要回家，同妈妈一起进入甜蜜梦乡。我有时候夜半去睡，看到菜虫偎依在妈妈怀里睡着了，心里有一种说不出的甜蜜和感动。

2010 年

⑲

逃 学 威 "虫"

如果菜虫找不到一起逃学的朋友，只能做
一个孤独的逃学威虫，可怎么办呢？友人
跟我说过郑渊洁的故事，自己教嘛。

今天，一个叫"爱乐游"的游乐场，人头攒动，无数小朋友来回穿梭，奔跑嬉戏。每一个小朋友背后都有一双注视的眼睛，不论他们跑到哪一个角落，这双眼睛从不离开他们的身影——就像我始终盯着菜虫一样。我悟到，这就是爱。

那是几天前的一个早上，虫妈说：菜虫，我们去幼儿园了。菜虫闻声即大哭，叫道：不要去幼儿园！不要去幼儿园！菜虫进行了剧烈的抵抗，包括发飙、哭闹、不穿衣服、不洗脸、不吃饭等。在菜虫一年半的幼儿园生涯中，这样的情况还比较少。虽然多数时候磨磨蹭蹭，但最后总是去的。因为虫妈上下班的时间都比较晚，所以菜虫也可以晚一点，磨蹭到幼儿园的时候，基本上半个上午过去了，中间的吃点心时间，一般是赶不上的。这次菜虫不想去幼儿园，按照我的第一反应，不想去就不去了呗，不过，爸爸妈妈都要上班，没时间陪菜虫，所以最后还是又哄又骗把他带去幼儿园了。

我以为，菜虫在这个幼儿园里还算比较适应的。在这一年半中，除了因感冒请假之外，逃学的情况并不多。这次不想去幼儿园，是因为幼儿园里在组织拍照片，菜虫说他不要拍。大概是因为菜虫很讨厌被人摆弄吧，这是个"无政府主义"者，我给他拍照，也是需要偷拍的。有一次我们一家三口去杭州，和郭叔叔、吕伯伯、傅伯伯等一起去看胡适旧居，站好合影，摄影师说"预备"的时候，菜虫顾自走开了，众皆大笑。这样我就理解菜虫想逃学的原因了，因为给每个小朋友拍照这事已经持续了好几天。不过，晚上去接菜虫，发现他正在被拍照，还是挺配合的。小孩子真是奇怪啊。

总体来说，菜虫在幼儿园还是挺拘束的，不像在家里那样无法无天，这也是我为什么愿意纵容他逃学的原因之一。他最近在家里有很多新发明，都是关于调皮捣蛋的，可以说，他天才地创造了很多我们匪夷所思的做坏事方式。这加深了我的一点认识：只有自由的环境，人才能自由地创造。

比如，他把垃圾桶里的垃圾都倒在地板上，然后整个人坐到垃圾桶里，说要睡在这里，因为我们曾经吓唬他，再不睡觉就睡到垃圾桶里去。比如有天睡觉时，他发现了妈妈的肚脐眼，惊叹着说：这么好的一个洞洞，里面有个菜虫虫。
菜虫这么说是因为《天线宝宝》这个动画片里天线宝宝住的
房子顶上是个圆洞，而圆洞下面直接是滑梯。孩子的想象力
叫人惊叹。

　　放学路上有个棕棚店，老板员工都是诸暨老乡，他们听
到菜虫满口诸暨话，就很喜欢这个小老乡，于是菜虫得以将
他们制作木器多出来的木块拿回家，久而久之，蔚为大观。
菜虫睡觉前将这些木头全部搬到床上搭积木。今晚，他一边
搭积木，一边唱周云蓬的《九月》：一个叫木头，一个叫马尾。
因为昨晚在杭州看演出，周伯伯的最后一首歌就是《九月》。

　　相比于家里的无法无天，幼儿园里就需要做筋骨了。菜
虫的班级，现在有 30 多个孩子，老师管理起来颇有难度，我
愿意原谅老师偶尔的疾言厉色。当时报名的时候，班里只有
20 个小朋友，并且这个幼儿园不算最差的幼儿园，老师都很
和蔼可亲，对菜虫也比较照顾。另外，这个幼儿园注重早期
阅读，和菜虫喜欢读绘本的特点也相符，但这仍然不是我们

最理想的幼儿园。

我理想中的幼儿园是华德福。我和虫妈曾很认真地讨论过两个问题：一个是迁居成都的问题，因为成都有华德福，长大一点，则有光亚学校。但这不太现实，首先是我和虫妈需要重新开始生活；其次，我很爱浙江，我希望将来菜虫能受到浙江地方文化的影响，拥有浙江人的聪明和勤劳。第二个问题是联合一些志同道合的朋友，在本地开办一所华德福学校。但华德福的理念，很少人能够理解——天哪，你这个学校怎么回事，竟然不要期末考试，竟然不统考，竟然不排名，你这不是误人子弟吗！那怎么办呢？我想，只能让菜虫做一个逃学威虫了。

陈叔叔和陶阿姨快要做爸爸妈妈了，我在想，将来这两位小朋友可以一起翻墙逃学。陈叔叔也很支持逃学，不过，他认为，他们年龄相差太大，已经玩不到一块了。

那么，如果菜虫找不到一起逃学的朋友，只能做一个孤独的逃学威虫，可怎么办呢？友人跟我说过郑渊洁的故事，自己教嘛。问题是，不送孩子去学校，我们要做的就更多了，郑大侠可以，蔡老师未必就可以啊！

逃学还是不逃学，真是个问题。但无论如何，六一儿童节就要来了，我多么希望菜虫在他成为一个意志自由、人格健全、理性完善的成年人之前，一直能像现在这样单纯。日出而玩兮日入而不肯睡，忧患于我何有哉？

2010 年

20

菜虫的时间果壳

世界是一大片尚待开拓的疆土，而时间之
流在菜虫的自我认知到来之前，尚未展开。
因而，任何细节都能引起他无数的兴致，
在这些细节里，他所有的投入，仅仅是欣
喜与好奇。

　　下午4点20分，我从幼儿园接菜虫放学，在人民路儿童
公园对面的公交车站等车。我还要去上班。班车间隔时间长，
我很无聊，又有些焦急，菜虫倒是兴致勃勃。他发明各种游
戏，不用任何道具，照样兴味盎然。他转圈，围着我，眼见
头晕了，一下子抱住我的腰。他握着我一个手指头，继续转圈，
像个陀螺，不过，这需要我借他一点力。转够了，两个手反
转抓住我的手，在我身前模拟荡秋千。我用膝盖轻轻撞他小
屁屁，他大笑，说：爸爸你不要撞了噢！我再撞，他又笑，说：
爸爸你这次真的不要撞了噢！车子还没来，他低头观察树叶，
惊喜地说：爸爸，小蚂蚁。车子还没来，他抬头顺着我眼睛
的方向看，看到一辆公车过来，学着我的口气煞有介事地说：
又不是的啊。

　　我的时间跟菜虫的时间不是同一种时间。他的超然于时
间之外，让我对自己的焦虑有些感慨。因为对我而言，混沌
早开，我生活在时间的流水中，越到中下游，时间之流越是
急迫。我对时间的焦虑是我众多焦虑之中最为严重的一个。

但菜虫呢，他悠游嬉戏于概念之外以及观念之外。什么叫"孩子你慢慢来"啊，我在这样的时刻总是感触深切。对菜虫，世界是一大片尚待开拓的疆土，而时间之流在他的自我认知到来之前，尚未展开。因而，任何细节都能引起他无数的兴致，在这些细节里，他所有的投入，仅仅是欣喜与好奇，这些东西跟时间完全不在同一个系统内。他的世界不是封闭的，他的世界不向时间展开，仅向有趣展开。

阳光很好的周末，虫妈跟我带着菜虫去野外晒太阳，草地、落叶、风声、昆虫……一个美好的下午就过去了。但这是我跟虫妈的概念。对于菜虫，他没有失去，只有获得，他又获得了许多的有趣和开心，内心再度被填满。

有时候，菜虫突然记起来某件事，跟我说：昨天爸爸带菜虫去"爱乐游"了。但事实是，我几乎一个月没有带他去"爱乐游"了。菜虫又说：昨天菜虫在爸爸单位里玩泥巴，身上全湿了。事实是，这是一个礼拜前的事情。我知道，在菜虫那里，凡是经过了的，都叫昨天。我纠正他：虫虫，爸爸

带你去玩泥巴是上个礼拜。后来，菜虫就改了，说：爸爸，上个礼拜，你带我去"爱乐游"了。现在，凡是做过的事，都是上个礼拜的。

在菜虫那里，这个宇宙还在果壳之中，可能是椭圆形的闭合体。天黑又天亮，周而复始地重复，没有长度，没有纵深，更没有流逝，每一个周期都被有趣与欣喜所充满。当然，也会有点小麻烦，发热啦，咳嗽啦，但都无妨。天黑与天亮尽管单纯重复，但这种重复拥有神奇的力量，能带走病痛和不快。下一个重复，又被有趣和欣喜所充满。

那么，明天是个什么概念呢？首先，这更多的是一种光亮。明天，是一种对惊喜的期待——又会有多少有趣，被一个新的简单重复所带来呢？明天，也是对不悦的抛弃。菜虫说，明天不要再咳嗽了噢。他使劲睁大眼睛，留恋着当下的兴奋，久久不肯睡去，一直到疲倦如潮水淹没沙堆城堡般地淹没他。他的玩具掉在枕头边，四肢放松，面容安宁，轻微的呼吸像微风吹动树叶，他沉没在黑暗的甜蜜里。这是黑夜最美好的组成部分，是我与虫妈满怀感恩的奇妙时刻。唯有这样的时刻，时间不再构成我的焦虑，我只有感恩。

2010 年

㉑

沿着小河走

如果我有足够的时间，我愿意每天陪着菜虫，一路走啊走，走到他不愿意再走，甚至走到我们都老了。

如果你现在问我天下最好的工作是什么，我会告诉你，就是每天接菜虫放学。16 点 10 分，我出现在教室门口，菜虫就像一只小鸟要飞翔起来，他会在我的要求下敷衍了事地跟老师和同学说再见，然后一路小跑，雀跃着飞出教室，奔向操场上的游戏设备。我愿意每天陪着菜虫，一路走啊走，走到他不愿意再走，甚至走到我们都老了。我愿意这样不停地走下去，走到华灯初上，走到时光停止。

你知道，我们所在的是一座水乡城市，那些河边的垂柳在一个冬天的沉寂之后，借着年后几天的乍暖天气，一株株冒出了嫩芽。菜虫沿着小河走，时而伸手指给我看：树都发芽了！听，他好像在说"书都发痒了"。他的语气与我一模一样，这个被我塑造的孩子，其实更多地塑造了我。他对万事万物的好奇，令我好奇：这个小脑袋瓜里面究竟装了什么？他在前面，我在后面，回家的路变成漫漫无尽。他沿着小河走，走过东双桥，俯身看一下桥洞里停泊的乌篷船，这条船，他每天都能看 3 分钟以上，要不是我催促，他会继续观察下去。那些掉落的树叶，就像一只只小船，偶尔有一个小漩涡，偶尔树叶被某些障碍阻挡。无论哪一种情况，菜虫都是兴趣盎然。他走上拱桥的台阶，说：桥上开车车，桥下开船船。他继续沿着小河的流向朝北走，再过去不远，就是著名的八字桥，一路石板路面，还有窨井盖，菜虫踩在上面，说：下面是污水，污水是流到污水处理厂的。

菜虫最近对地下管道感兴趣，我在厨房时，菜虫喜欢来帮忙，他打开厨房水槽下面的门，里面是纵横交错的管道，这多好玩啊！然后他把我挤开，说：爸爸不要洗菜菜，虫虫洗菜菜。我让一半地方给他，他把自来水打开，然后俯下身子，观察下水道。我知道菜虫这个爱好来自绘本《斯凯瑞金色童书》。在《忙忙碌碌镇》这本书里，有一天，很多工人在劳动，有人在天上劳动，有人在屋子里劳动，有人在地下劳动。在地下劳动的人，就是管道工人。从此，菜虫放学回家就多了一样新的观察对象：窨井盖。他真忙啊，要关心这么多东西：河流、柳树、船船、路灯、车车，还有窨井盖。在讲《忙忙碌碌镇》的时候，虫妈有一次口误，因为要求菜虫赶紧钻进被窝，所以在介绍工作地点时，说成了"有的人在被窝里工作"。菜虫笑坏了，那晚激动得很迟才睡着，时不时逗妈妈：有的人在被窝里工作，哈哈哈。

从八字桥下去，原是陈叔叔的网络公司，有一个小小的卖场在。菜虫有一段时间喜欢吃黑糖棒棒糖，他要进去消费一下。

再过去，是一座教堂。因为有一年复活节我带他去过，这里就成了他熟悉的领地。菜虫对教堂里的小花园感兴趣，里面有假山，更厉害的是假山上还有喷泉。菜虫对喷泉情有独钟，节日的时候，城市广场的喷泉，他能呆呆地看上半个小时不动弹。有一次奶奶接他放学，菜虫也按照这条道路前进，硬是拉着奶奶进了教堂。奶奶可不是基督徒，在她心里，还是菩萨更亲切一点。而菜虫到目前为止还是一位泛神论者，万物有灵，我知道他的喃喃自语，其实是在跟小花小草小猫小狗说话呢。

终于走累啦，我们要回家了，步行这么远的路，回去只

好打的。菜虫一上车，就要求司机师傅打开雨刮器。可是没
下雨啊，斜阳还照在挡风玻璃上呢。菜虫有他的理由——雨
刮器把车车上的太阳也刮掉了。

　　菜虫对车的兴趣持续最久，从会玩玩具开始至今不厌。
不过他原本是喜欢车的轮胎，现在改成喜欢雨刮器啦。喜欢
轮胎的时候，他把家里所有玩具车的轮胎都拆下来，现在家
里的车没几辆是可以开的；喜欢雨刮器的时候，不管刮风下
雨，他一上车就要求打开雨刮器。晚上睡觉啦，我说：来，
爸爸给你讲故事。菜虫说：爸爸给我讲老爷车雨刮器的故事。
讲到一半，他突然溜下床，自己穿起裤子和鞋子，咚咚咚跑
到厨房去。只见他双手各拿一块抹布在擦冰箱，两手并举，
作扇形运动。我当然知道，他并非在搞卫生，他现在就是雨
刮器。要命的是，他非得把抹布浸湿再擦不可，冰箱门倒是
擦干净了，可他的袖子却弄脏了。

　　今天，是菜虫取得大进步的一天，他平生第一次为妈妈
和爸爸讲了一个故事，我恨不得奔走相告：菜虫自己会讲故

事啦！他讲的第一个故事，就是老爷车的雨刮器的故事，接着是新车车的雨刮器的故事，接着是挖土机的雨刮器的故事。讲第一遍的时候我在外面没听到，等我进到卧室，菜虫又特意为我重新讲了一遍。那个时候我真是心花怒放，一方面又惊讶不已，孩童的能力真是一天一个样，昨晚他还不会自己讲，今晚就会啦！

我把菜虫描述得这么有趣，好像一个天使，其实，菜虫是个臭脾气的人，千万不要被我的描述所蒙蔽。因为我们的溺爱，菜虫毫无规矩可言，他横行霸道、唯我独尊；他不吃饭吃手指头；他大冬天只穿一只鞋子高一脚低一脚在冰冷的地砖上走路，说这是脚脚在吃冰激凌；他总是把米袋子的米弄得满地都是，还说，像瀑布啊！春节在厦门，小爷爷小奶奶看得大吃一惊：这么顽劣的小孩怎么被你们教育出来的？瞧，名声在外啦！

2010 年

㉒

学画记败

学画也好，将来学个乐器也好，并非我们企图在这里发现菜虫的才华。在没有信仰的地方，艺术是可以替代宗教的。菜虫的人生刚刚展开，现在是他漫长准备期的起始阶段。

　　菜虫在绍兴一个美术培训班学画画，这是菜虫 5 年人生中唯一一个兴趣班。不过菜虫主要是去玩的，因为这里可以玩泥巴、做手工、拧螺丝，还可以拿颜料涂在自己脸上。这是一个培养孩子对色彩、空间造型的感受力的地方，温和安静，并非死板的美术教育机构。菜虫也喜欢这个地方，仅次于世茂的世天游乐场。

　　如今，菜虫学画一年了，他是唯一一个学了一整年而没有像样画作的孩子。老师说，跟别的家长交流，总是劝说对方不要太在意孩子的画究竟有多像，而对我们，则希望菜虫能多一点规矩，不要太放任。我跟虫妈都不甚赞同这个意见，我们对菜虫的要求，自有其他准则，所以只要他高兴，我们仍愿意放任自流。

　　这个基地的理念，其实跟我的理念是很接近的。2010 年《救救孩子》一书出版时，有朋友便说，蔡老师应该将菜虫送到这里。这个时候，菜虫已经学了好几个月。一则因为我赞同此地的理念；一则由于菜虫在一段时间里是一个不擅长交流的孩子，尤其不会跟同龄人交流，所以送去美术基地，也是为了创造跟同龄人相处的机会；再则是因为，菜虫在3周岁到4周岁的时候，特别喜欢画画，拿着油画棒到处涂抹，经过菜虫孜孜不倦的创作，我家客厅雪白的墙壁上都是彩色的线条了。菜虫振振有词：这是一条河，这是在下雨。我们也不愿重新刷白，留着，朋友来家里玩，见此墙都大笑。之前有一次，菜虫趴在茶几上，拿着我一只水笔涂呀涂，后来画好了，拿去给妈妈看，看得出是一个怪物，手伸得长长的。菜虫解释道：这是妈妈伸出手去摘花。这样一解释，妈妈就看懂了，极兴奋，像所有溺爱孩子的家长一样，认为自己的孩子有天分。这样，我们就把菜虫送去学画了。我还买了一些有关儿童画的书，自己看，其中一本《孩子的画告诉我们什么》，我觉得很不错，得益不少。

现在，菜虫还不会拿笔。只认识一个字：中。还是因为爸爸打麻将带他去，他看到红中的中。这个孩子的逆反心理很重，不肯轻易听从成人的命令。他捏笔就是攥拳而握，并非不会拿笔，而是故意捣蛋。据我观察，他要是继续学下去，两年内也拿不出像样的画作。幸好我们要的只是他无忧无虑的童年。在我的观念里，我认为知识性的东西在孩子 7 岁前最好不要强行给他。所以菜虫不会背唐诗，也不太会做数学。有一位妈妈惊讶地问我：你是语文老师哎，怎么不教菜虫背唐诗。唐诗自然也有语感、节奏和韵律，只是我觉得，对韵律、节奏的感觉，通过音乐来感知更好。菜虫对音乐是有兴趣的，他喜欢听歌。我不太给菜虫听那种所谓的儿歌，我觉得不是歌词比较幼稚的就是儿歌。也许菜虫觉得罗大佑《光阴的故事》算是不错的儿歌，他有段时间每天都要听这首歌。菜虫还要抱着的时候，我哄他睡觉，哼的是"池塘边的红蜻蜓，你到哪里去"，以及"长亭外，古道边"。虫妈乐感不行，这事就交给我了。

菜虫在培训班里经常捣蛋。我跟虫妈去接的时候，别的小朋友就来告状：虫虫妈妈，菜虫今天又做坏事了。他做一些匪夷所思的事，比如，不断打开水龙头，开到很大，让老师去关。关好，他又去开。重复多次，乐此不疲。好在老师都是好脾气，只是虫爸虫妈觉得养不教父之过，有些羞惭。

在木板上拧螺丝，是很有趣的一项工作。木板上有黑白底子，分别用黑白螺丝拧住拧满，就是一幅用螺丝做出来的画。我很钦佩想出这个点子的人，还有用衣服扣子做出来的画之类。多数小朋友都喜欢这个工作，菜虫则反其道而行之，在该用黑色螺丝的地方，偏用白色螺丝。老师教育他，菜虫，白的拧在白色上。菜虫指着要拧螺丝的木板上的洞眼，说：里面也是白色的呀。绝倒。

这里还有一大间玻璃房子，里面有水流下来，每次放学，他都要进去看看，脚踩在透明的玻璃上，这种感觉实在太奇妙了。菜虫还喜欢去家长休息室，这里的椅子，天哪，竟然是汽车轮胎做的，菜虫少不得要坐一会儿。

捣蛋够了，菜虫心情很好地回家，一路上跟虫妈说：今天我又做坏事了。妈妈问：老师批评你了吗？菜虫说：没有。菜虫又问：为什么幼儿园的老师要批评，这里的老师不批评呢？哎，这让我怎么回答呢。

所以，学画也好，将来学个乐器也好，并非我们企图在这里发现菜虫的才华。在没有信仰的地方，艺术是可以替代宗教的。菜虫的人生刚刚展开，现在是他漫长准备期的起始阶段，音乐、色彩等都会丰富他的感知，培养他对世界万物的热爱。人生漫长，我不知道他会有怎样的未来，但至少，我希望他是一个永远热爱生活的人。

2011 年初稿，2014 年改定

㉓

话语的能量

《圣经》里有句话，有时候翻译作"太初有言"。何以是太初有言呢？因为上帝是用说的方式创造世界的。神说要有光，于是就有了光。菜虫的意义世界，也是用话语来创造的。

一度，在菜虫的梁山泊座次里，奶奶是当仁不让坐头把交椅的，其次是妈妈，爸爸则可有可无。奶奶不在的时候，我和虫妈自己带菜虫，甜甜蜜蜜的一家三口，虽然有些手忙脚乱，但菜虫没有了奶奶的保护，竟然乖了一些。

晚上菜虫睡在爸爸妈妈中间，脑袋枕着妈妈，脚丫子搁在爸爸肚子上，真是卿卿我我，蜜里调油。爸爸讲故事，有时候菜虫不允许，得把讲故事的这个好，让给妈妈。菜虫说：妈妈讲甜的，爸爸讲辣的。这是菜虫的权限。凡是要麻烦我们帮他做事，第一人选是奶奶，第二是妈妈，真没人的时候，才轮到爸爸。这一点上，菜虫立场坚定，恩怨分明，一以贯之。

但是睡觉前关灯是个问题。如你所知，这个完全没有规矩的小孩，已经被爸爸妈妈爷爷奶奶宠坏了。吾乡诸暨有句骂人的话，特别重，叫"无爹娘教调"，意思是这个孩子恶劣放肆无可救药。我有时候也觉得，这个多数时间看上去安静自在的男孩子，实际上是毫无规矩的。但多数时候我这么安慰自己：所谓规矩，多数建立在父母大人的威权之上，威权之下的驯服，可能是对菜虫自由意志的一种挫伤。那么，怎么办呢？讲道理。道理讲不通怎么办呢？继续讲道理。前提是父母有足够的时间和耐心。

关灯，是每天必须经过他同意的，需要一番激烈的斗智斗勇。故事讲完，爸爸问：菜虫，我们把灯灯关了吧！菜虫说：不要。"不要"两字，干脆利落，毫无转圜的余地。后来爸爸发明了延时法，就说：菜虫，我们再过两分钟把灯灯关了吧！爸爸特意把"两"字拖长，并举起两个手指，呈 V 字形，表示两分钟时间是很久的样子。开始的时候，菜虫对时间长短没什么概念，就会答应。小屁孩就这样被欺骗了。后来就不行了，他似乎知道两分钟很短，就不答应了。爸爸说：两分钟，好不好？菜虫否决。爸爸又说：5分钟，好不好？菜虫回答：都不好，全部都不好。这时，他说的"都"字，是拉长的拖音，似乎这么一说，就获得了更大的能量，能将爸爸的建议全部否定。

菜虫是什么时候开始感受到话语的能量的呢？我不记得

了。在他自己还没有行动力的时候，他的欲求是通过话语表达并得到满足的。大概就是从这个时候起，菜虫开始感受到言说的力量。餐桌上，菜虫说"我要吃土豆"，于是他吃到了土豆；商场里，菜虫说"我要那个车车"，于是爸爸妈妈买了那个车车，话语变成了实在的物体。要到他继续成长，有对身体更好的操控能力，他的自我欲求才能通过行动得到满足。比如说，家里有零食，专门放在一个菜虫拿不到的柜子里。以前，菜虫要吃什么，都通过语言表达，我们为之代劳。这太不直接了，因为有时候我们会违背他的意思，比方说，正餐前，我们不给他吃饼干。但有一天，菜虫没有理睬我们的反对，径直拿了一张小凳子，站上去，打开了柜门。这是我们第一次看到菜虫利用工具达成自己的目的。我说，菜虫的智力赶上大猩猩了。

《圣经》里有句话，有时候翻译作"太初有言"。何以是太初有言呢？因为上帝是用说的方式创造世界的。神说要有光，于是就有了光。菜虫的意义世界，也是用话语来创造的。

　　开始，他用话语表示对我们陈腐观念的蔑视和否定；接着，他提出自己的清晰的欲求；再接着，他用完整、较长的语段，来构建自己的意义世界。一天晚上，快9点半了，我跟菜虫从朋友家出来，他还坚持要去环城河边的公园看喷泉。于是我们在那里停车，菜虫看到灯光秀和喷泉，非常激动，写了他平生第一篇个人口头创作的散文：这里有花、有草、

川咕噜咕噜滚下来

小老鼠上灯台……

有树、有喷泉，还有船船。这一天我非常激动，因为这甚至已经超越单纯的现实世界，而抵达审美世界了。这个小脑袋瓜的发育，多么令人振奋！

但多数情况下，菜虫仍是用话语来显示他的个人意志，表达他特立独行的顽皮。比方说，当菜虫的要求没被满足时，就发脾气。我问：菜虫，你有这么多脾气啊，怎么发都发不完呢？菜虫两手一张，做了一个巨大的手势：我有很多很多脾气，发也发不完。嗯，按照这种说法，菜虫就可以理所当然地不断发脾气而父母毫无理由加以斥责了。

2011 年

24

非道德的"道德观"

> 孩子真正树立道德观，要到 12 周岁左右。
> 之前他做的事，你不能用好和坏去评价。
> 我们跟孩子讲道理，无非是一种习惯的训
> 练，至于道理本身，孩子并不能领会多少。

　　菜虫2周岁不到时，已经很会辨明方向，自作主张地寻路中国了。爸爸妈妈得紧张兮兮地跟在后面，一方面不敢去扶，怕增加他的依赖性，一方面看他跌跌撞撞，怕磕着碰着。每次带菜虫出门回来，爸爸妈妈都比菜虫累。

　　有段时间菜虫最喜欢玩沙子。为了这个爱好，爷爷特地从诸暨老家带来一大铁桶的沙子，放在车库里，菜虫玩了一年多，直到兴趣减退，铁桶锈烂变成沙漏。

　　在家里没沙子玩，就玩米，米跟沙子质地很像。出于对儿童玩具的一知半解，我认为玩米是非常好的，菜虫有玩米的自由，我们并不阻止，只是尽量约法N章：不能撒到地上，不能撒到床上，不能一下子全部倒出来之类。做饭，量米都是菜虫的事，他小手高高地举起升斗，从空中把米倒进电饭煲，说这是瀑布。

　　第一次损坏东西，菜虫2岁，在好又多超市。那天，超市在促销大米，有巨大的木桶，装满了米，看上去五谷丰登。

角落里，一种体形较小的牛角形的木质容器，装了米摆在地上，很好看，一方面是展示，一方面也是装饰。菜虫走过去，顺手一推，牛角容器倒了，米撒了一地。我和虫妈惊慌大叫：菜虫，不可以……连忙赶过去收拾，把撒在地上的米用手捧回容器。还没弄好，菜虫摇摇晃晃走到另一个牛角容器前，唰的一声，米又倒了一地。妈妈赶紧上前抓住菜虫，抱在怀里，我则继续收拾残局。

回到家，我和虫妈产生了分歧。妈妈对菜虫说：菜虫，这是坏事，以后不能做。我说：菜虫还没有好和坏的概念，你这么讲没用，看住，才是最重要的。争论不果。

过些天又去超市买奶粉、尿不湿之类。这次我们看得很牢，没让他往卖米的地方去，在奶粉、冲饮类食品架前，比较哪个更适合菜虫食用。一不留神，忽听得哗啦啦一声，回头看时，菜虫已经将一个玻璃罐的果珍直接摔碎在地上。促销员盯着我跟虫妈看。收拾残局吧，妈妈找来畚斗扫把，把玻璃碴子弄走，爸爸抱起菜虫，拿了条形码，去柜台赔钱。

回去的路上，少不得又一番教育：菜虫，超市的东西，不能损坏，要赔钱的。我知道，这些说教压根没有用，菜虫并不理解超市跟游乐场有什么区别。菜虫把罐子摔地上，只是为了听一个响，就像过年放鞭炮。

据说，孩子真正树立道德观，要到 12 周岁左右。之前他做的事，你不能用好和坏去评价。所以，这个年龄段，我们跟孩子讲道理，无非是一种习惯的训练，至于道理本身，孩子并不能领会多少。

后来，我们想了个办法，如果去超市，先跟菜虫说好，今天买什么，直奔目的地，买好就走。一年多，相安无事。直到去年，菜虫 4 岁多了，附近新开了欧尚超市，是目前本地最大的超市，我们购物，改去这里了。那天，我发现菜虫嘴里在咀嚼，问他，他说在吃巧克力。散装的德芙巧克力，他竟然剥了一个放嘴里吃了。爸爸妈妈大为羞恼，说：菜虫，这是小偷啊。

不过，在菜虫听过的故事里，还从来没有小偷这个概念，也许，小偷是很好玩的一件事吧。《斯凯瑞金色童书》里有一个小偷，是一只大猩猩，在超市里偷香蕉吃，被警察追捕，可那是一个很好玩的故事。这可怎么办，在菜虫听过的所有故事里，到目前为止还没有一个坏蛋。

我仍是给菜虫讲道理，没有结账，没有付钱，就不是自己的，就不能吃。菜虫似乎有点明白了。但我不知道他真明白还是假明白。后来我跟他讲所有权：在家里，哪些东西是菜虫的，比如玩具、零食，你想干吗就干吗；有些则是爸爸的，你要用，得先经过爸爸的同意；超市的东西，则是别人的，需要先付钱。菜虫似懂非懂地说：钱是一张纸。嗯，这是菜虫的名言，他多明白啊，钱的本质属性，不就是一张纸嘛！

过了一阵子，菜虫终于懂得钱的用处了。幼儿园放学，经过小区边上，有一个卖干菜烧饼的大伯伯。我有次接菜虫放学，忍不住买了一个烧饼，一人一半，跟菜虫分着吃了。虫妈认为路边摊卫生堪忧，强烈反对，至此菜虫就没机会再吃了。有一天，菜虫突然说：我要有了钱，就去买烧饼吃。真有理想啊！

这些坏事，经常让我想起小时候听过的一个故事，叫《偷白鲞，咬奶头》。一个盗窃惯犯，临刑前跟他妈妈提了最后一个要求，要喝妈妈一口奶。妈妈老泪纵横，便满足了儿子这个要求，结果儿子一口将妈妈的乳头咬了下来，说：妈，你还记得小时候我偷人家一条白鲞的事情吗，你没有批评我，反而表扬我，以致我最后走上了犯罪的道路，想回头都难。

这是我小时候听过的最恐怖的一个故事，也是我听过的中国故事中最糟糕的一个。糟糕在它对孩童道德观形成的不理解，我很想知道偷白鲞时这个孩子究竟多大，他能理解私人财产这个概念吗？更糟糕的是这个故事很黄很暴力，多么血淋淋。我这辈子都不会说给菜虫听。

一个孩子，损坏超市的物品，因为他分不清什么是玩具什么不是玩具。他偷吃超市的巧克力，仅仅因为他知道这是好吃的食物。孩子都是单纯的，他们一点心机也没有，像小溪那么清澈，像微风那么愉悦。在他的童话世界里，所有事物都跟他有密切的联系，构成一个想象与现实交融的世界。道德，这个巨大的、很重的东西，还没来得及形成他与世界的关系呢。

2011 年

㉕

说谎记因

这件事过去快 4 年了，我一直记得清清楚
楚，想把它记下来，又总是忘记。这件事
总是提醒我，孩子的世界是多么独特，而
进入他的世界，又是多么重要。

自从菜虫能跟我们对话，问起在幼儿园的见闻，他还是蛮乐意跟我谈谈的。哪个小朋友怎么啦，老师怎么啦之类，尽管鸡毛蒜皮，琐琐碎碎，但我们知道，这就是菜虫的整个世界。我与虫妈都乐意倾听，并尽量保持足够的耐心。这种交流真叫人开心，我们感受到了菜虫日复一日的成长。

这件事发生在中班的时候——菜虫跟人玩，追逐中，撞到了另一个小女孩，把她撞痛了，小女孩哭了。

这是菜虫在幼儿园期间唯一一次伤害到别人。去接菜虫回家的时候，老师把这个情况告诉了我，当然只是陈述了一下事实，并不存在告状啊批评啊之类的意思。因为自从读幼儿园，菜虫便是一个很"乖"的孩子，虽然有各种各样的奇怪举止，生活自理能力也稍弱于同龄人，但绝不会去伤害别人。这次的情况，我与老师都认为，纯属意外。

回家的路上，我问菜虫：今天是不是把一个小女孩弄痛了啊？小女孩都哭了。我这么问菜虫，语气很和缓，并非谴责，只是想问清楚一个事实，当时究竟发生了什么。谁知道菜虫竟然回答说：没有，没有把小女孩弄痛。

我略微有点不高兴，因为，这是撒谎。

因为爸爸妈妈的信任（可以说超越了信任的程度，已经接近溺爱），菜虫从来不必撒谎，或许，到现在为止，他还不知道什么叫"撒谎"呢。并且，一直以来，我们彼此之间的沟通都是顺畅的，可是今天，菜虫竟然否认了这个事实。撞上别人，这是明摆着的事实，别的同学跟我说了，老师也跟我说了，可是菜虫为什么否认这个事实呢？他竟然学会了撒谎！

回到家，我问他：你确实把那个女同学撞了，是吗？菜虫点头称是。我又问：你为什么不承认把女同学弄痛了呢？你看，她都哭了。

这时，菜虫的回答叫我意外极了。菜虫说：我只要说，

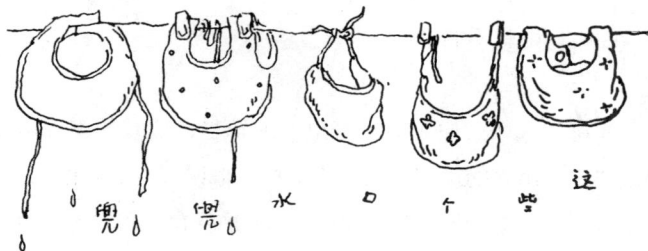

兜　兜　水　口　个　些　这

没撞痛她，她就不痛了。

我恍然大悟。原来，在菜虫的理解里，所有的客观事物都是"说"出来的。在菜虫的生活里，他说"我要吃糖"，于是就有了糖。菜虫说"我要车车"，于是就有了车车。菜虫又说"我要出去玩"，于是就真的出去玩了。那么，只要说"我没撞痛那个女孩"，女孩自然也就不痛了。

在《话语的能量》一文里，我写到过这个特点，菜虫的世界，是说出来的，而不是做出来的。只要话一说出来，事实便水到渠成。在菜虫的理解里，话语是有能量的，这种能量，足以改变事实，足以达成他的欲求。这次，菜虫当然也知道他撞痛了那个小女孩，但显然他并非是要否认这个事实，他只是希望那个女孩子不再疼了。

至此，我才明白，要理解一个孩子是多么不容易。如果我们坚持成年人的逻辑，就会认为菜虫连续犯了两个错误，先是撞伤了别人，接着又撒谎。可是，你需要进入他的世界，才能理解，他已经意识到自己的错误，并希望努力补救，这个补救就是，抚慰他的同学，使其不再疼痛。只不过他企图借助的，是话语的能量。

这件事过去快 4 年了，我一直记得清清楚楚，想把它记下来，又总是忘记。这件事总是提醒我，孩子的世界是多么独特，而进入他的世界，又是多么重要。"孩子的宇宙"是一个独特的宇宙，勘破"童年的秘密"，需要我们保持儿童的视角。

到目前为止，我与虫妈再也没有发现他对我们撒过谎，因为首先，我们彼此信任；其次，我们沟通顺畅。

2011 年

26

话痨养成记

　　菜虫话最多的时候，是晚上临睡之前。问
题一个接着一个，要是有些问题我们回答
不出，他就自己解释。这个时候，我跟虫
妈惊讶地发现，菜虫成了话痨。

不太熟悉的朋友看到菜虫，总是说：呀，这孩子，真安静。确实这样，菜虫是一个慢热型的孩子，在陌生的环境较为拘谨，渐渐熟悉了，才放松下来，话也多起来，动作幅度也大起来。这其实有点像我。

菜虫话最多的时候，是晚上临睡之前。问题一个接着一个。一般的句式是这样的：妈妈，为什么火车没有方向盘啊？妈妈，为什么小芦弟弟叫我"豆大"啊……要是有些问题我们回答不出，他就自己解释。比如火车的问题，菜虫自问自答，铁轨就是火车的方向盘啊。这个时候，我跟虫妈惊讶地发现，菜虫成了话痨。

刚放暑假，菜虫随奶奶去诸暨老家和他的哥哥弟弟玩几天。菜虫嘱咐我：爸爸你不用来接我了噢。菜虫对老家的感情并非我们刻意培养，但注重乡土，倒也是诸暨人的特点。菜虫强调：爸爸是绍兴人，虫虫是诸暨人。

在诸暨住了几天，豆豆哥哥便去美国参加夏令营了，临出门时，菜虫跟小芦弟弟赶紧穿好鞋子，也要跟去。跟他解释美国很远，菜虫不信，说：走路去，一小时就到了。

菜虫从诸暨老家回来，跟我说，爸爸，我把积木刚搭好，小芦弟弟过来把积木一脚踢倒了。小芦是菜虫的堂弟，今年3岁。我问：小芦弟弟为什么把积木踢倒？菜虫说：因为积木是小芦弟弟的呀。

第二天，菜虫又问我：爸爸，大伯伯小时候把积木搭好，你去不去把它踢倒的呀？我只好回答他：我不踢倒的，因为那时候我们没有积木。菜虫很奇怪，接着问：那为什么你没有积木呢？我无语，晋惠帝啊，何不食肉糜？

今年夏天，带菜虫出了两次远门。头一次是跟舅舅一家自驾游去庐山；第二次是坐火车去合肥，看望将近100岁的外太公和外太婆。

去庐山那次，菜虫消化不好，一直嚷嚷肚子痛。我跟虫

妈以为菜虫上次扁桃体发炎导致小腹的淋巴结肿大还没好，
不知如何处理。一路上多数时间躺在妈妈怀里，只有跟表姐
一起学英语时，菜虫才表现出他一贯的顽皮。后来回家，找
医生看病，才知道是因为挑食，蔬菜杂食吃得不多，导致消
化不好。

菜虫坐车，突然发现树木、电线杆、田野、山峦，都跑
到后面去了，大奇，问：爸爸，你看，为什么树啊、电线杆啊、
车车啊，都往后面跑了？我说：因为那些东西都没动，是车
在往前开，树木电线杆就往后跑了。后来，在火车上，菜虫
凝视窗外良久，不住跟我说：爸爸，你看，树啊、电线杆啊，
都往后面跑了，因为他们没动，所以就往后面跑了。

去合肥，是菜虫第一次坐远程火车，卧铺，这件事让菜
虫觉得很惊奇。爸爸，为什么火车上有床呢？菜虫的"呢"
字带点鼻音，特别动听。因为这是长途火车，累了可以睡觉呀。
爸爸，那上次去杭州的火车，怎么没有床呢？那是距离很近
呀，一下子就到了。可是为什么我的回答跟菜虫的提问比起

来，总是那么无趣呢？

车过钱塘江，我叫菜虫赶紧过来看：菜虫，你看，这就是钱塘江。菜虫凑过来。看见辽阔的江面，很惊喜，用手一指，说：爸爸，我小时候，尿尿在马桶里，一冲，就冲到这里了。这是吾乡习俗，我小时候大人就这么说的，一般小孩尿床，便形容为他要把同床睡觉的兄弟冲到钱塘江。菜虫刚弃用尿不湿，我们引导他在马桶里尿尿，总是这么说：虫虫，尿尿在马桶里，一冲，就到钱塘江，然后就冲到大海里去了。怪不得，正月里去厦门，菜虫指着鼓浪屿外清澈的大海，问我：虫虫的尿尿是不是冲到这个大海里了？

后来，奶奶在五一的时候也去了厦门，回来，菜虫问奶奶：你去大海边玩沙子搭城堡了吗？

菜虫在火车上结识了一个上铺的小女孩，小女孩比菜虫大一岁，活泼到有点过分，拉着菜虫的手在车厢里走来走去，后来跟菜虫说：我们结婚吧。菜虫不语。从合肥回到家里后，菜虫把有人要跟他结婚的事情告诉妈妈，妈妈问：那你答应没有？菜虫说：没答应。妈妈问：为什么不答应，菜虫说：因为我要跟妈妈结婚呀。

火车上，菜虫看到一大片田野，水稻绿油油的，惊喜大叫：爸爸，草原。邻座小姑娘7岁，马上纠正菜虫：什么草原，是葱。

在合肥，姑姑跟姑父带菜虫去逍遥津公园玩，回家后菜虫跟奶奶描述：逍遥津公园先坐有轮胎的船，然后喂鱼，咚的一下子全倒进去了，然后去大象鼻子里滑滑梯，然后买了一只直升飞机，突然飞走了，姑父骑着摩托车追回来。

其中的直升飞机是一只氢气球，爸爸失手放飞了，菜虫看到气球越飞越高非常高兴，看不到之后才发现气球没了，急得大发脾气，姑父就骑摩托车去附近公园重买一个，图案不一样，窗户里多了美羊羊和喜羊羊，姑姑跟菜虫解释：飞机上多了两个乘客。

在合肥，姨奶奶家的小区里正在绿化维护，割草机嗡嗡地工作。菜虫自问自答：什么是割草机？就是给草剃头发的。

回绍兴，正值超强台风"梅花"生成，菜虫跟我去游泳。台风将至，傍晚，天边的云彩异样绚丽，我指点菜虫看，菜虫让我飞上去摘一朵。我说：爸爸没有翅膀。菜虫说：你只要张开双手，说声飞，就变成翅膀飞走了。

车过环城河公园，是菜虫小时候常玩的地方。菜虫用手指点，说：爸爸，看，这里，我还是个小屁孩的时候经常来玩的。

嗯，菜虫，你还没变成大人呢，先变成了一个话痨。

2011 年

27

地球是粒费列罗

有一次，菜虫问：爸爸，车库下面是什么啊？我说是泥土。他接着问：泥土下面呢？我说是岩石。岩石下面呢？岩浆。岩浆下面呢？地核。地核下面呢？我烦了，说：地核下面是巧克力。

5周岁不到的时候，菜虫迷上了地球构造。家里有这方面的绘本，里面印着地球剖面图。有一次，菜虫问：爸爸，车库下面是什么啊？我说是泥土。他接着问：泥土下面呢？我说是岩石。岩石下面呢？岩浆。岩浆下面呢？火焰。火焰下面呢？地核。地核下面呢？我答不出，于是顾左右而言他。菜虫这几个问题一遍一遍问，有一次我烦了，说：地核下面是巧克力。菜虫大乐，于是自问自答：地核下面是什么呢？巧克力，哈哈哈。

在空间问题上，菜虫也有疑问。1楼上面是几楼啊？ 2楼。2楼上面呢？ 3楼。……26楼上面呢？屋顶。屋顶上面呢？天空。天空上面呢？还是天空。且慢，紧接着，一个有水准的问题出现了。菜虫指着回家的楼梯说：从这个楼梯上去，能不能到天空？我不由得停下来，开始跟菜虫解释，天空啊，只有用天梯才能上去，或者变成一只鸟飞上去。菜虫又问：天空上面有没有屋顶呢？我无言。

菜虫坐车，出门或回家一定要走稽山路。有一次我从环城东路开过头了，菜虫说：要从稽山路走。我手指指左前方：
这样吧，我们从南稽山路走。菜虫手指指相反的方向，说：
那是女稽山路。

在迷上地球构造的同时，菜虫喜欢上了登山。起先是登
小山。绍兴市区里面有个塔山，就在秋瑾家的后花园，这是
菜虫最早征服的山。塔山上面有个塔，菜虫问：这是什么塔
呀？我回答：应天塔。菜虫要爬应天塔。要命的是，塔里的
上下楼梯极陡。菜虫一定要爬塔，没辙，只好跟他爬。他花
一个人的力气，我花两个人的力气，还紧张。战战兢兢，总
算登顶。菜虫指着解放路的汽车说：车车怎么这么小的。

征服应天塔之后，菜虫开始了征服绍兴所有塔的雄伟大
业。车过蕺山，正好是某个节日，张灯结彩，装在山上的射
灯把文笔塔映照得金碧辉煌。爸爸，这是什么塔呀？文笔塔。
我要爬文笔塔。于是，周日上午，我带菜虫来爬文笔塔。蕺
山比塔山高一点，幸好也是小山，塔中楼梯也很陡，但比应
天塔还是好多了。爬上之后，可以看到铁路，火车长长的，

缓慢爬行。菜虫觉得很稀奇，果然，变换视角，所见大不相同。菜虫又问：爸爸，火车怎么这么长啊？

　　接下去征服的是府山飞翼楼。府山飞翼楼比较好玩，登上去看万家屋顶，这里是市区的最高峰。山脚下也好玩，小松鼠很多，在树枝上跳来跳去，菜虫看得津津有味。沿着石阶走到山顶，菜虫不费吹灰之力。飞翼楼门口有座大钟，每次，菜虫都要撞一下钟。可是钟不是白撞的，10 块钱。好吧，爸爸付。菜虫可不知道赚钱的难处啊。

　　接下去是永和塔。菜虫回诸暨，车子快到环城路永和塔下，菜虫就在等了。永和塔不费吹灰之力，因为里面有电梯。这个事情太好玩了，不是只有商场和大酒店有电梯吗？怎么塔里也有？于是菜虫坐电梯上上下下数次，浪费国家电能不少。后来，我们先下来，妈妈还在最高一层，我指点菜虫仰头找妈妈。菜虫大笑：妈妈变小了。

　　只有大善塔菜虫无法征服，因为大善塔里面没楼梯。每次到广场，菜虫总是绕着大善塔转圈，怎么上去呢，没辙了，只好郁郁而归。

2011 年

28

逃家小虫

菜虫的自由意志尤其表现在做坏事上。其
父敦厚，天性善良，他这种做坏事的天赋
不知来自何方。

菜虫小朋友的茁壮成长，呈现的是一种离心力。他越具有自由意志，这种离心力就越大，直到有一天，海阔洋洋，忘记爹娘，就像我们在年轻时代对父母做的那样。自由意志在纳入社会家庭的既有规范之前，呈现的是越来越皮和越来越肆无忌惮。因为自由意志的强悍属于天性，而社会规范需要后天的习得。

菜虫的自由意志尤其表现在做坏事上。其父敦厚，天性善良，他这种做坏事的天赋不知来自何方。并且这个小虫虫是暗地里坏，而非明目张胆地大肆破坏，看似破坏力不强，其实鬼点子很多。出于偏心和溺爱，我认为这是菜虫才华横溢的表现。最近天寒，近乎滴水成冰。某日我在学校值夜班，菜虫陪同，他忽然记起浇花的事情，乃取水壶，在寒风凛冽的走廊中，逐盆浇灌。第二天，花的主人菜虫呼之为二妈妈的姣姐回来上班，我告知浇花之事，二妈妈大惊：这岂不是要将我的花花草草全部冻杀也么哥！全部冻杀也么哥！

最近，菜虫要离家出走了。凡事稍不顺其意，便声言我要离家出走了，要到很远很远的地方去。见我们不理，乃威胁道：我要睡到垃圾桶里去。第一次离家出走，菜虫打开门，走到门外，用眼角余光观察我。我作势要把门关上，菜虫赶紧逃回来，第一次离家出走乃告失败。

菜虫第二次离家出走，走到了楼梯的拐角，虽仅比第一次多出 7 级台阶，实有质的飞跃。因为我追到门口，跟他说：爸爸真的要把门关上了。他还是坚持不回来。我砰一声把门关上，只听得噔噔的脚步声，随即菜虫敲门。我开门将他抱在怀里，赏其一粒巧克力。第二次离家出走又告失败。

这个离家出走，是从《逃家小兔》的绘本里看来的。多好的绘本啊，充满了母爱。为什么回来之后要赏其一粒巧克力呢，因为小兔子最终没有逃家。无论逃到哪里，温暖的母爱始终包围着小兔子，因而小兔的最终选择是躺在妈妈怀里，享受它最爱的胡萝卜。而菜虫的最爱，是巧克力。

我觉得老是逃家也不是办法，就把门给销上了。菜虫打不开，无法逃家，乃大怒。叫道：我要到很远很远的地方去，要被人家捡去！我嘲讽他说：人家也不一定要捡你啊，你这么不乖，脾气这么大，人家就是捡了一堆麻烦回去，谁乐意啊！菜虫歪着脑袋想了半天，似乎是在琢磨：哦，真的哦，人家捡一堆麻烦干吗！就说：爸爸你不要爱我了，让人家来爱。我说：可是我爱你的呀，你再不乖，爸爸也还是爱你的。菜虫坚持说：爸爸你不要爱我了。随后大哭，流下两滴泪水。接着说：擦掉，用餐巾纸擦！至此，逃家的计划被爸爸消灭在萌芽之中。

2011 年

29

妈妈，我是从哪里来的

一天晚上，菜虫头靠在妈妈肚子上，一边听一个跟人类起源毫无关系的故事，一边手里玩着纸牌，突然说：妈妈，我是从哪里来的？虫妈呆了一会，决定以实相告。

这个故事发生在 2010 年 10 月左右，菜虫 4 周岁半多一点。天气还不冷，洗漱完毕，菜虫和妈妈穿着睡衣，上床准备睡觉，菜虫靠着妈妈，听妈妈讲故事。突然，菜虫问道："妈妈，我是从哪里来的？"

当时我在书房，具体场景没有看到，后来通过妈妈描述得知。菜虫这个问题提得毫无来由，一点预兆也没有，妈妈一时懵了。后来我想：要是我在，又会有怎样的表现呢？可以肯定的是，我首先必然大喜过望，因为菜虫竟然开始询问哲学母题了，这是多么了不起的思维的进步啊。很多年前，我读马修斯的《哲学与幼童》，知道 5 周岁左右，孩子们就会发出一些追根溯源的提问。马修斯在书里举的例子是孩子问爸爸，我们如何确定现在不是做梦；菜虫则问，我从哪里来。2009 年，我买过一套幼童哲学种子丛书，台版书，米奇巴克出品，非常有意思的儿童哲学启蒙书。启蒙，不是生搬硬套、死记硬背，而是以孩子们能够接受的方式，告诉他们这个世界的来历、构成、关系等。原作者是法国人，我真是佩服死了，法国人真懂儿童啊，因为他们知道孩子认知世界的独特方式，因而能以孩子们乐意听取的方式，讲述这些常见的却为幼童所不了解的道理。现在，这个问题真实地摆在我面前了，我如何引导菜虫去了解这一切呢？

其实，细细想来，菜虫提的这个问题也不是毫无来由。有时候，我们会跟菜虫说到这句话，"你在妈妈肚子里的时候"。车过妇保院，爸爸妈妈还会说：菜虫，你看，你就是在这家医院出生的。就这样，这个晚上，菜虫头靠在妈妈肚子上，一边听一个跟人类起源毫无关系的故事，一边手里玩着纸牌，突然说：妈妈，我是从哪里来的？

虫妈呆了一会，决定以实相告。菜虫是剖腹产的，妈妈肚子上留有一道疤痕。妈妈让菜虫摸了摸疤痕，说：菜虫，你原来在妈妈肚子里，后来长大了，想要出来，医生阿姨就从这个地方，把你拎出来。我能想象菜虫歪着小脑袋琢磨的样子：哦，我是从这里出来的。后来，菜虫跟我们讲故事，就说，"我小时候，还在妈妈肚子里的时候"，如何如何。

虫妈这么解释当然也不错，如实，科学。这比我们小时候强多了，我一直以为小孩是从胳肢窝里生出来的呢。这个事情之后，我跟虫妈还严肃讨论过性教育如何开始的问题。幸好米奇巴克丛书中有一本就是讲性教育的，叫作《男孩女孩》，很生动，将来可以给菜虫照本宣科。

后来我想，要是我当时在菜虫身边，他突然问这个问题，估计我也会说菜虫是从妈妈肚子里生出来的。那么，菜虫接下去就会问：我是怎么进去的呢？现在上海有了一套性教育的教材，我粗粗看了，觉得啼笑皆非。因为这个教材完全一厢情愿，何曾考虑过小孩子接受的可能性，以及孩童的认知规律？要知道，孩童的认知，有他们自己形象化的特点。性教育需要跟其他的教育，比如健康教育、劳动教育、爱情教育，结合在一起。即是说，教育是一种系统工程，现在的孩子除了知识性的灌输之外一无所有，突然在性教育上迈开大步，这也太孤军突进了吧。

后来，我读到了黄晓星的一种世界起源说，是华德福教育中的一个经典故事，可能每个华德福的孩子都听过这个故事。我觉得这种说法更符合孩子的接受特点，就讲给菜虫听：

在你出生前，你住在星星之中，太阳、月亮、彩虹都是你特别要好的朋友。在那些日子里，太阳将它的光芒照射到天下所有的角落，你快乐地在阳光下跳舞。到了晚上，月亮跑来向你致意，深夜，你睡着时，星星和月亮都在照顾着你。

有时，你会往下看着这个世界，看着其他小宝贝对他们的爸爸、妈妈微笑，你也常常渴望能与自己的爸爸、妈妈在一起。你的天使对你说：

"我们将帮你找到特别好的爸爸、妈妈。"

他们又说："不过，你必须每天晚上回来拜访朋友喔！"

"哦！我会的！"你高兴地说。

然后，你的天使赐予你可爱的爸爸和妈妈，太阳给了你舒适的温暖，星星给了你明亮的光，彩虹替你穿上闪烁的彩衣，月亮给你编织了银色的条纹，这样你就能够找到回去的路，以便拜访你的朋友。

当这一切都在悄悄地进行时，爸爸妈妈听见了从天上传来的低语，知道你快要来了，于是，他们幸福地拥吻对方。

你顺着阳光前来，很快就到了。妈妈怀着无尽的爱，将你藏在自己的肚子里，就在离妈妈的心不远的地方。

但是，那时你还是一个很小很小的小宝贝，在妈妈的肚子里一天天地长大，大到足可以出世时，妈妈帮你找到一个特别的方式，迎接你到这个世界来，你很高兴地滑了出来，而且惊奇地发现爸爸、妈妈、哥哥、姐姐都在等着祝福你。

你没有忘记你出生前的天使和朋友们，他们也没有忘记你每天晚上睡觉时，都会回去拜访他们。在白天，你的朋友太阳把温暖的阳光和爱传来地球给你和大家，有时候，彩虹也一起来拜访你。当你在画画、唱歌、读诗或跳舞时，天使也会来探你，给予你灵感和智慧。

（黄晓星《迈向个性的教育》P113）

这个故事其实在说孩子是上天的恩宠。这个毫无疑问，因为每一个孩子都是天使。此外，还有三处细节非常令我感动。其一是，爸爸妈妈听到天上的低语，知道孩子要来了，就幸福地拥吻。满溢的爱，非常动人。孩子的健康成长，有赖于和睦的家庭，有赖于父母之间恒久的感情。其二是，妈妈将孩子藏在肚子里，离心不远的地方。多么贴切！而孩子听到时，又会多么幸福！其三是，爸爸妈妈哥哥姐姐，都在等着祝福你。这是在告诉孩子，你被爱包围着。一个不匮乏爱的孩子，才可能具有爱的能力。

　　就这样亡羊补牢，我在菜虫第一次发问之后好久，才找到机会讲述这个故事。菜虫黑白分明的眼睛骨碌骨碌转，说：爸爸，我还在天上的时候，你晚上讲故事给谁听呢？

2011 年

30

"消防员叔叔"和
"汽车加油"

为什么菜虫三四岁时跟别的孩子玩不拢，
但是跟爸爸妈妈玩得拢？一个很重要的原
因是，我们知道菜虫的语境，知道他现在
处在哪一个故事之中。

　　菜虫的幸与不幸，都是菜虫的人生，包括他生在一个汽车时代。

　　汽车时代和农耕时代的不同，可以从侄儿豆豆在与他父亲年龄相似时的一段谈话中比较出来。豆豆他爹四五岁时，特别爱说话，小嘴巴一天到晚不歇着。邻居问他：晖，你怎么那么多话啊？豆豆他爹回答道：我的话很多的，你即便拿箩筐来装，也装不完。邻居叹为观止，认为这个小孩将来一定不得了，时时提及。豆豆四五岁时，话也特别多，小嘴巴不歇着。邻居问：豆豆，你怎么那么多话啊？豆豆回答说：我的话很多的，你即便拿汽车来装，也装不完。

　　我与兄长都是农耕时代的孩子，司空见惯的便是装稻米的竹制箩筐，父亲吃力地挑着担子在田埂上缓缓而行的用力姿态，我这辈子都不会忘记。到了豆豆和菜虫这一代，豆豆虽比菜虫大7岁，但他们都随着时代的凯歌高唱跑步进入汽车时代。豆豆和菜虫在相同的年龄段的主要玩具都是汽车，菜虫一度最喜欢看的动画片就是《赛车总动员》。

但汽车带来的是空气污染。我家所住之地在环城东路边，自菜虫来到世界，这条路从空旷无人，到如今塞车成为常事，也就三五年而已。菜虫身高不盈一米，在河边游玩，汽车尾气多自鼻腔吸入。为什么那么多朋友在谈移民，其中一个有力的理由是：至少那里空气好，水质好。

还有一点，我在怀疑，科技进步究竟在何种程度上给孩子带来了现实的福祉。为什么现在的小孩，身体的病弱更加明显？菜虫在 4 周岁时，被检出有严重的尘螨过敏，感冒加过敏，容易引发哮喘。菜虫的同龄人中有这种体质的，也非常多。这成为父母最牵肠挂肚的事，还有什么比小孩子的身体不适更令人不安的呢？一听到菜虫有几声咳嗽，我跟虫妈便紧张起来。

其实，我想谈的是跟孩子沟通的话语方式。跟孩子如何说话，他们才肯听？命令、祈使、说教，都不太灵光。尤其菜虫是叛逆小孩，你越严厉，他越跟你硬着来。

菜虫3岁时，坐在地板上，将一根木质的雪糕棍子放进嘴里。奶奶看见惊叫起来：菜虫，那个很脏，不要放进去。菜虫很紧张，看看奶奶，依然放进去。虫妈看见了，知道这是绘本《斯凯瑞金色童书》里面的故事，狮子医生给长耳朵看病，压舌板放进去，看看扁桃体有没有发炎。虫妈走过去，拿起雪糕棍子，作势压一下，说，很好很好，扁桃体没有发炎，这个小朋友很健康。于是菜虫不再把雪糕棍拿进嘴巴了。

为什么菜虫三四岁时跟别的孩子玩不拢，但是跟爸爸妈妈玩得拢？一个很重要的原因是，我们知道菜虫的语境，知道他现在处在哪一个故事之中。正月里去厦门，菜虫只穿一只鞋，另一只光着，怎么也不肯穿，舅舅外婆一干人等大感惊讶，只有爸爸妈妈知道，菜虫现在是《斯凯瑞金色童书》里的那条小虫——小虫只有一只脚，怎么可能穿两只鞋呢？

看病，是很严重的问题。小孩子谁也免不了感冒发烧，医院里的小儿内科总是排起长队。孩子们的哭，家长的着急训斥，也令我很着急。

　　有一次，医生怕引发哮喘，叫菜虫做雾吸。将一种药，制成雾状，再把口罩蒙在孩子口鼻上。因为陌生，小孩子多有焦虑拒斥。我跟虫妈亲眼看到父母像绑架一样，抓着小孩子做雾吸。虫妈是这么做的：在轮到菜虫之前，先抱着他去看人家做。戴着口罩，有烟雾冒出来，虫妈问：像不像消防员叔叔哇？菜虫说：像的。妈妈问：菜虫要不要做消防员叔叔啊？菜虫说：要的。事情就这样成了，每次做雾吸，菜虫

都很开心，因为这个时候，他就是消防员叔叔。

　　基于我们的科学知识，菜虫偶感小恙，如发热，多用物理方法退烧。一条底线是，不打吊针。但是有一次，扁桃体发炎化脓了，发烧好几天，实在没办法，听医生的，挂吊针。怎么办？针针戳进去，那还得了，菜虫从没有吃过这种苦头，非大哭大闹不可。妈妈心生一计。菜虫不是喜欢看汽车加油吗，汽车加满了油，就又有力气跑路了。菜虫现在也要加油，一根管子，把油加到菜虫身体里，加满后，菜虫又能跑来跑去了。果然，第一次挂吊针，菜虫一点也不怕，也不哭闹，戳一针，就像蚊子叮了一口，接着就不疼了，静静地等油加进去。果然，第二天又有力气跑来跑去了。

　　所以，我经常祈祷，但愿我们一直能理解菜虫，一直能进入到他的语境，跟他交流。

2011 年

㉛

做父母是一辈子的事
——在菜虫幼儿园家长会上的发言

> 我反对家长的这样一种说法：社会如此，孩子必须适应这个社会。我在反对这样的意见时，经常遭到家长的嘲笑，他们说：你只是现在说说，等你家菜虫将来读小学，看你还嘴硬！

　　我不知道自己在多大程度上是一个合格的父亲。虽然一贯声称对孩子放纵溺爱，但我也曾打过菜虫的屁股。就在今晚，还因为菜虫说话不算数不肯自己去刷牙对他发脾气。所以在这个发言之前，我说我的标题叫作《祈望天下父母永远懂得孩子的心灵》，这个问题，这个祈望，首先是指向我自己的，需要自我反省。首先反省的是我个人的情绪、冲动，是否掩盖了对孩子的尊重和理解。

　　很遗憾，人生是一个不可逆的过程，所有的尝试和错误都没法重来，我们这些年轻人，就这样磕磕碰碰，成了孩子的父母。所以，我们初为人父或初为人母之后有一个任务，就是用一辈子去学习做父母。这虽不是一个容易的任务，却是一个幸福的任务，因为我们自身也会伴随着孩子的成长而成长，从而更深刻地理解生命的意义。同时，在孩子的成长过程中，我们获得的乐趣是所有其他乐趣都无法替代的。所以，我还是要说，不管到目前为止我算不算得上一个合格的父亲，我都要感谢菜虫，他的到来，促使我从更深更广的层面去理解生命这件事。我也要感谢虫妈的坚持，因为我个人在结婚前是个坚定的丁克主义者。

回到新加坡电影《小孩不笨》。这个电影其实以前看过，这次重看，不免又有新的想法。这个想法是关于应试教育的。看来，不光中国大陆有严格的应试教育，台湾有一段时间，大学联考也是中学生的噩梦。还有美国，在二十世纪五六十年代，也有严格的应试教育、唯分数论的阶段。有个著名的电影《死亡诗社》即反映了这一时期。《死亡诗社》是我的教育圣经，从较为浅表的层面看，反映的也是唯分数论与个体追求之间的矛盾。尼尔，故事的主人公，一个年轻英俊的、热爱生活的孩子，因为家长的要求和自己内心的冲突，最后开枪自杀了。当然，比起中国的应试教育，他们差我们太远了。

那么，当孩子的自由成长与教育体制有矛盾的时候，父母该做些什么呢？我觉得《小孩不笨》这个电影提出的，就是这个问题，值得我们家长思考。

电影里有三个主人公，这三个小朋友各有特点。三个孩子分别来自三个不同的社会阶层，私人企业主、中产阶级以及普通劳动者。他们各自面临不同的问题：私人企业主有钱，但孩子很软弱；中产阶级家庭父母奋斗很努力，但孩子的学习成绩上不去；普通劳动者家庭孩子成绩不好，但是讲义气，能干。这个时候，我们就会想起托尔斯泰不朽的名言：幸福的家庭总是相似的，不幸的家庭却各有各的不幸。

但是，整个电影看下来，虽然各家父母与小孩之间的矛盾有种种不同，但有一点是一致的：学校很粗暴，衡量孩子的唯一标准，是考试分数的高低。里面有个细节，老师发试卷，孩子们几家欢乐几家愁。那个叫国斌的孩子，抬不起头来，只好去跳楼，幸好被一群警察阻止了。这个时候，我们作为家长，就需要呼吁，学校的教学、评价，是不是可以人性化一点，多元化一点。毕竟每个孩子都是不一样的，既然承认孩子的独特性，怎么可以用同一种尺度来衡量一切孩子呢？这是需要学校改革的地方。

我们的孩子，还有不到一年就要上小学了，将来会面临比电影里压力更大的考试。这是我现在考虑最多的问题。在幼儿园里，因为老师宽容，有爱心，我们家傻孩子菜虫也懵然长大，各方面能力虽然弱一点，但老师只要看到一点点进步，就不吝表扬。这是我非常赞赏，也非常感激的地方。所以，这三年半以来，我才会把孩子一直送到这个幼儿园就读，孩子自己也喜欢这里。可孩子还是要读小学的，不瞒诸位，我看过三年级的语文试卷，觉得很难做，我是高中语文教师，有些题目我也看不懂。这可如何是好？

我反对家长的这样一种说法：社会如此，孩子必须适应这个社会。换句话说，大家都这样，你能怎么办？我在反对这样的意见时，经常遭到家长的嘲笑，他们说：你只是现在说说，等你家菜虫将来读小学，看你还嘴硬！将来我还会不会嘴硬，我不知道，但我现在觉得，家长是成年人，在孩子成年之前，应该为他们承担一些压力。尤其是当应试教育、唯分数论十分严重的时候，家长至少自己要明白，考高分的，并非是最有出息的孩子。因为一个人是有多元智能的，笔试的分数仅能反映他的某一种智能。

　　我们很多家长都用 iPhone，乔布斯是辍学的，比尔·盖茨也是辍学的。甲骨文公司的老板回到耶鲁大学演讲，说，你们读到博士，出来无非给我打工，而我是辍学的，尽快辍学吧。主持演讲的耶鲁大学校长只好把这个老总赶下台。家长明白了这一点，就不会成为另一座压着孩子去应试的大山。电影中那位身为白领的母亲，用严酷的体罚，催促孩子学习，可是，她不知道，孩子的天分不在数学，而在美术啊。

　　所以，我们作为父母，要有自己的主见，千万不要被考试牵着鼻子走。当然，也不宜灌输孩子们辍学的念头，其中分寸的拿捏，非常微妙。

　　孩子不是缩小的成年人，孩子有一个自己的世界。这个世界，我曾用"万物有灵"这个词来形容。比如说，3—6 岁的孩子，常常会有惊人的话语。我经常记录菜虫的语言，这些语言，天真未凿，匪夷所思。这便是他们天才的创造。有一天，菜虫说：下雨天的伞叫雨伞，出太阳叫阳伞，下雪天叫雪伞。有一次我跟菜虫讲故事，说云朵是月亮的被子。菜虫反问道：那月亮为什么不叠被子呢？为什么这个年龄段的孩子的话语那么稚嫩可爱，而几年小学读出来就一口新闻联播腔了呢？这是需要思考的问题。

　　我们常说，每一个孩子都是天使，是上帝的恩宠，我们都很爱他们。但是爱，也需要最合适的方式。所以，家长们也需要学习如何做家长。溺爱自然不对，过分严格也不对。如何呵护孩子求知的天性，保护其潜在的创造力，十分关键。我在这个电影里看到，家长其实都不太懂得孩子究竟是怎样的一个生命。固然故事很好玩，是个喜剧，却看不到孩童本位，即很少有从孩子的角度出发去看待事物的视角。包括那个新来的班主任，爱护学生，肯为学生保守秘密，她最大的好处就是耐心和信任。要说她多么懂孩子，也未必。所以我在一开始便说，做父母是需要学习的。我们需要懂得孩子的心灵，理解孩子独特的世界。

　　做父母是一辈子的事情。孩子的每个年龄段，都会有新的特征，都会给我们这些成年人带来新的挑战。这就是为什么为人父母很多时候很苦恼，但苦恼也是幸福的。相信各位家长一定有这样的体验：当你注视着孩子熟睡的面庞，心里会有一股暖流经过，所有的疲乏、劳累、生气、恼火，在那一瞬间，烟消云散。为什么孩子是天使？因为他让我们真正懂得了什么是幸福。

2011 年 11 月

32

是谁嗯嗯在我头上

菜虫 4 岁时，我们开始让他练习在成人用的抽水马桶上嗯嗯。但菜虫无论如何也不肯。我们就跟他说：嗯嗯在马桶里，水一冲，就去下水道了，下水道直通大海，你的嗯嗯会一直漂到鼓浪屿。

　　现在回想起来，我最对不起菜虫的，是他大概3周岁不到的时候一件关于嗯嗯的事。也许将来菜虫长大成人，会看到这篇小文，我希望我在下面的描述，没有冒犯菜虫的尊严与隐私，在这里提前向菜虫表示歉意。两层歉意：一层是因为我当时的无知，而给菜虫造成的困扰；另一层是这么大了，还要把隐私公之于众。但请相信，我这里写出来，是为了表达歉意。另外，禅宗有道在屎尿的教诲，初为人父，如何解决孩子的屎尿问题，也是一个技术活。

　　在菜虫尚是个婴儿的时候，嗯嗯是有尿不湿的，我们的任务是洗屁屁。记得有两次，我都闹了笑话。第一次是在菜虫出生第二天，我去给他换尿不湿，手一伸进去，立马摸到一种温暖、柔软、略带黏稠的物体。糟了，我知道，这是胎粪，菜虫降临人世的第一次嗯嗯，被我触手可及。我拿出来一看，绿色的，因为混合了胆汁。我又闻了闻，不臭。

　　第二个关于道在屎尿的故事发生在菜虫未满周岁时。那晚，我将他横放于床沿，帮他换尿不湿，一解开，他便溺出来，一道急速的抛物线喷洒而来，正中我脑门。于今想来，这仍是一件令我与虫妈莞尔的事情。菜虫略懂事后，我经常用这件事来羞他，他每次都是大笑。

再后来，就是定时把嗯嗯。再后来，就是准备了一个小马桶，让他自己嗯嗯在马桶里。

最初，菜虫对自己的小马桶是很抗拒的，他不愿意坐那儿嗯嗯。有一段时间，他嗯嗯不出来，要坐马桶好久。可能跟他喝的奶粉有关系，不利于排便。蔬菜水果倒是吃得不少，但还是有点小儿便秘，这让我们很焦虑。有一次，他大概有三天没有排便，我们急得不行，就用了开塞露。大概一共用过 3 次，每一次都像杀猪似的，这肯定是菜虫受到的最严重的虐待。但这件事造成的最严重的后果，是菜虫开始害怕嗯嗯。越害怕，就越抗拒，后来简直像出现了心理问题，造成嗯嗯不畅。现在想起来，真是又后悔，又自责。估计菜虫已经忘掉了，但我们知道，这件事，在当时，肯定对菜虫造成了很大的困扰。

　　后来我反思，还是觉得我们在改变菜虫的生活规律时不够温和。如果现在有年轻的父母看到，请千万注意，一切都要循序渐进，不可急迫，以防造成孩子的不适应。

　　后来菜虫是怎么学会一个人嗯嗯的呢？我们真可谓用尽了办法。

　　首先，我买了一本《是谁嗯嗯在我的头上》，这本书献给"那些自己会去马桶嗯嗯的小朋友"。我们一起读这本书的时候，真是非常快乐的时光。这本书当时菜虫百读不厌，我都不记得读过多少次，现在还记得那时候父子俩的开心感受。因为内容熟悉了，每次即将读到最好笑的地方，菜虫都开始绽放出半个笑脸，准备听到最好玩的情节。这个最好玩的情节其实只是一个拟声词"噗"的一声。这是一头猪在嗯嗯，嗯出来的便便像一个大蛋糕。听到这里，菜虫能乐好久。

　　再后来，我才看到日本绘本《噗噗噗》，要是当时也能给菜虫读这本，可能效果会更好。

接着，菜虫 4 岁时，我们开始让他练习在成人用的抽水马桶上嗯嗯。但菜虫很抗拒，无论如何也不肯。我们就跟他说：嗯嗯在马桶里，水一冲，就去下水道了，下水道直通大海，你的嗯嗯就在大海里漂浮，一直漂到鼓浪屿。

漂到鼓浪屿这个地方，完全是突发奇想。但令人奇怪的是，这一年的春节我们真的去了鼓浪屿。这是菜虫第一次坐飞机，也是第一次跨省旅游，目的地就是厦门的鼓浪屿。

当天下午，我们就在鼓浪屿的沙滩上玩沙子了。其实对于菜虫而言，厦门之行就两件事：一个是玩沙子，整整玩一下午；另一件就是在吃饭的大厅地板上翻滚、爬行。据说那是一个很高端的饭店，地板倒是不脏，可是服务员真没见过整整一顿饭的时间全在地上爬行的男孩子。我们制止无效，就不再制止。

要命的是，菜虫不但爬行，还坚决要将一只鞋子脱掉，这就令人大惑不解了。厦门的亲戚看得奇怪极了——这都什么小孩啊！只有我跟虫妈知道，这个时候，菜虫不是菜虫，他是《忙忙碌碌镇》绘本里的"小虫"。这是菜虫那时候最喜欢的绘本，也是居家旅行都要带着的睡前读物。小虫只有一只脚，现在菜虫变成小虫了，当然也只有一只脚，怎么能穿两只鞋子呢？

当晚，菜虫回到宾馆，面临的问题是，如何在异乡的一只从来没用过的新马桶里嗯嗯。我们去旅行，书可以带，但坐便器实在不方便拿。这件事，出门前就跟虫妈在担忧，所以一路上总是暗示菜虫我们要在宾馆的马桶上嗯嗯。于是这一次，菜虫竟然嗯出来了，很快，很顺利。

当时我与虫妈都觉得十分欣慰。告诉菜虫：你看，这次马桶离大海近，你的嗯嗯一下子冲去鼓浪屿了，明天就可以找。所以第二天，菜虫一则玩沙子百玩不厌，抽空的时候，还要瞅瞅大海：我的嗯嗯在这里，怎么海浪还不冲过来？

自此之后，菜虫就能独立在马桶上嗯嗯了。

2012 年

33

菜虫不想7岁

我一点也不喜欢年是只怪兽的故事。这个
故事里隐含着成年人对时光的担忧。我觉
得年没什么可怕的，不必担忧未来，此刻
充实，生命不就很美好吗？

　　除夕守岁，菜虫熬到零点。时钟敲响的那一刻，我跟他说：过了现在，你就 7 岁啦。菜虫坐在垃圾桶上，手里捏着几张纸牌，斩钉截铁地反对：我不想 7 岁，我还是 6 岁。我大惊，劝说道：7 岁好啊，你就长大了，是个小伙子了。菜虫继续反对：我不要长大，我要做小孩子。

　　我不由哑然失笑，对哦，小伙子有什么好，还是继续做小孩子吧，我们不都想一直做个小孩子吗？这个除夕，菜虫第一次在醒着的状态下迎接新年。然而他很困惑：为什么过了今晚，他就得 7 岁，而之前，他就是 6 岁？菜虫或许认为，只要他坚持，就可以不是 7 岁。上床时，我想起了君特·格拉斯的《铁皮鼓》，里面的奥斯卡不想长大，就真的没有长大，直到后来，他决定长大，才真正长大。《铁皮鼓》是一个非凡的隐喻，从儿童心理学层面看，人的成长确实跟自身的认知有关，并非仅仅是一个时间概念。

　　当然，菜虫不想 7 岁的主要原因是最近处于逆反期，凡爸爸妈妈说的，一概反对。我知道这是他的主体意识在不断

增强。尽管这段时间的相处令我们挠头，我仍乐于见到他的
人格越来越独立。

另外还有一些原因。快放寒假时，我跟菜虫说，快过年
了，就不用去幼儿园了。于是有一个晚上，散步时，菜虫一
边在公园的木桩上摇摇晃晃地"走钢丝"，一边问妈妈什么是
"年"。哦，这又是一个令人挠头的问题。年，过年，过新年，
可这个年，究竟是个什么家伙呢？虫妈幸好知道年是一只怪
兽的故事，就讲给菜虫听。她说我们过年时要放鞭炮，为了
吓跑年这个怪兽。可是我一点也不喜欢年是只怪兽的故事。
这个故事里隐含着成年人对时光的担忧：年吃人，不就是时
间最终把人吞噬的隐喻吗？我觉得年没什么可怕的，不必担
忧未来，只要此刻充实，生命不就很美好吗？可是我无法把
这些理解用菜虫能明白的话解释给他，也想不出一个更好的
方式来告诉菜虫什么是过年，时间又意味着什么。

此外，还有一些菜虫不想 7 岁的现实原因可能更重要。
我们一直在跟他说，7 岁，就变成大孩子了，就可以去上小学，

就要一个人睡一个房间，就要自己把整碗饭都吃掉，自己洗脸刷牙，自己穿衣服洗澡。看来，菜虫感到压力山大，于是，他觉得只要停留在6岁，就可以摆脱以上全部压力。

菜虫这种对时间的无知无感，我在那篇叫《菜虫的时间果壳》的文章里也曾谈及。在我看来，时间对于菜虫的童蒙时代，就是一个封闭的围合，时间在这里周而复始，而非向前流淌。所以菜虫只要自己坚持，他就仍将6岁。

菜虫深知"话语即力量"的哲理。5岁那年，进商场时，菜虫指着自动门说：芝麻芝麻开门吧，自动门果然开了。这扇门，是在菜虫话语的指令之下打开的。菜虫去冰激凌店，指着DQ巧克力蛋筒，说：我要吃这个。果然，他吃到了。圣诞节前，菜虫又说，我想要一个植物大战僵尸的毛绒玩具做礼物。12月25日一早，菜虫虫一骨碌从床上爬起，破天荒地没有懒床，果然在圣诞树下发现了一个豌豆射手和一个读报僵尸。所以，在除夕夜，只要他说"我还6岁"，7岁就不会到来。

　　当然，几天以后，菜虫承认了 7 岁的现实。因为 6 岁的时候，讲完故事之后，爸爸妈妈允许他可以再玩 6 分钟才熄灯睡觉。7 岁了，玩的时间就可以延长到 7 分钟。这可太棒了，菜虫很得意：那么，将来我 20 岁，就可以在熄灯前再玩 20 分钟了。

　　因为菜虫深知话语的力量，因而总是坚持自己的话语权。爸爸妈妈有时候商量事情，或者聊一些八卦，菜虫马上就阻止：爸爸妈妈不要说了，我要说。嗯，于是我们闭嘴，听他示下。菜虫就说：妈妈，那个读报僵尸，报纸打破之后，会有一个问号的噢，然后走路就快起来了。嗯，这真是一件至关重要的事情，是游戏攻略，也属于学术探讨吧。

　　另外一种情况，就是要不要听话以及听谁的话的问题。一般我们出门，事先都会跟菜虫说好，目的地是哪里，要做什么，买什么不买什么。只要说好，菜虫就很配合，他还算一个懂得契约关系的小孩，也知道说话算数。但有时候也有突发情况，事先没有约定或者有新的变化，这个变化若是菜

虫不喜欢，他就不干。没辙，我只能跟菜虫说：小孩子要乖
一点，要听大人的话。菜虫马上反驳：大人要听小孩子的话。

开始我想，这无非是逆反心理，我说东，他偏往西。事
实上并不完全是这回事。因为话语即力量，菜虫深知此中奥
妙——大人的话语有支配能量，小孩子的话语何尝没有呢？
因此，菜虫特别反感"小孩子要听大人的话"这句话，这首
先意味着要违背他的意愿去做一些他不乐意的事。其次，也
许是最重要的，若小孩听大人的话，那么还要小孩的话何用？
也即是说，菜虫将不能再拥有话语的能量，这可如何是好！
要知道，在菜虫 6 年的生命中，他的身体操控能力固然逐年
增长，创造了越来越多的个人自由，但归根到底，他多数欲
求的满足，仍是通过言语发出指令而得以实现的。所以，在
这个抉择的时刻，菜虫不屈不挠，宁可大哭一场也要捍卫自
己的话语权。他带着哭腔说：爸爸，大人要听小孩子的话，
是不是啊，是不是啊……直到我妥协，跟他说：菜虫啊，这
要看具体情况，有时候爸爸妈妈听你的话，有时候你听爸爸
妈妈的话，要看谁更有道理。这样，菜虫对言论自由的捍卫

才算告一段落。

确实，这又是一个令人挠头的问题：凭什么小孩子就要听大人的话？为什么不是大人听小孩子的话？尤其是父母不能以粗暴的强制力驯服孩子，而生活经验又确实比孩子丰富之类的道理，又该如何跟小朋友解释呢？至于成年人急于要办的事情，我觉得还真没什么重要的，就像《小王子》里说的，你以为谈论股票、投资、生意、领带以及一场棒球赛就很了不起吗！在孩童的世界里，一只要去 B612 星球的小羊有没有戴口罩，比以上全部事情加起来还重要很多呢。

菜虫不想 7 岁，但他最终还是承认了。因为他发现，7 岁跟 6 岁实际上没有什么区别——自己吃饭已经好久了，穿衣服也一直在学习之中，冰激凌跟巧克力仍受到限制。比较有挑战的是，最近妈妈竟然让菜虫学习系鞋带，还好菜虫选择了坚决不学。还有，我好不容易买了个 iPad（菜虫羡慕姐姐那个 iPad 好久了），可就是不装《植物大战僵尸》，玩着也没劲。

　　究竟几岁暂且不管，菜虫还有一个疑问，就是人的年龄该从什么时候开始算，而这个"开始"之前，"我"又在哪里？这是菜虫对生命起源的第一次质疑。那大概是 2010 年 10 月，天气还不冷，有一天，睡觉前，他趴在妈妈肚子上玩，突然就问：妈妈，我是从哪里来的？幸好我看过黄晓星的一本书，里面有一个关于生命起源的美好故事，就拿来念给菜虫听。之后，菜虫就知道了，在来到这个家之前，他住在星星上。为了测试这个效果，有一天我逗菜虫，指着婚纱照问他：菜虫，爸爸妈妈这张照片里，怎么没有你啊？菜虫眼睛还在看《轱辘轱辘转》，头也不抬，说：我还在星星上呀。那语气，显然是在说我少见多怪。

　　接下去的问题发生在菜虫 6 岁时。2011 年上半年，有一天，在外婆家吃完晚饭，我们回家，菜虫突然问：爸爸，为什么外婆家没有外公？这是我最担心的一个问题，现在，菜虫终于提出来了。我知道他一定会提出这个问题，这是孩子成长的必然，但我不知道会在何时何地。现在，终于来了。

在《小玻的故事》系列绘本中，小玻去外公外婆家，总是跟外公一起淘气，外婆则负责给小玻做好吃的。所以我一直很担心。直接的原因自然是因为外祖父壮年早逝。这是妈妈、舅舅以及外婆一家深深的痛楚，在外祖父去世的时候，虫爸还没来得及认识虫妈，舅舅也还没有认识舅妈。因为这是一件痛事，我们平时几乎不提。外祖父年轻时是军人，煞是英俊，肖像照依然挂在外婆家。

我担心的第二点，是我不确定究竟在什么年龄段，我才可以跟菜虫谈论死亡这件事。我买过一本《跟我的孩子谈死亡》，一个法国教授写的，问题是这个法国孩子已经 10 岁了。而菜虫提到这个问题时才 6 岁，他还不知道什么叫时间，什么叫长大，什么叫人生。

幸好，有星星上的居民这个美好的故事。我终于可以跟菜虫说，外公是回到星星上去了。因为我们以前就是相亲相爱的一家人，住在星星上，后来来到世间，时间久了外公想念那个星星，就先回去了。菜虫接着问：那么，外公是怎么上去的呢？嗯，这个问题也有依据。首先，你看星星那么远，那么高，够不着呀。其次，在生命起源的那个故事里，菜虫是跟彩虹、雨点一起来到世间的，那一刻，大家开心地拥抱亲吻。那么，现在，我们该怎么回去呢？飞回去。我说。我也有依据，因为菜虫看过绘本《云朵面包》，吃了云朵面包，

就变得很轻，就可以飞上去了，像白云一样在天空飞。

哦，菜虫表示明白了，翻了个身，睡着了。

2012 年

34

住在孩子体内的精灵

童蒙时期，孩子整个处于艺术之中，与表
演无关，与未来的成功无关。他时刻处在
自由的想象世界之中，参与的主体，唯有
他自己。

晚上8点半，离两小时的美术活动结束还有半个小时，接到电话，叫我早点去看菜虫。我猜到，菜虫肯定又做了坏事。一进教室，果然，菜虫蹦得很欢，满地的彩色纸环，本来挂在梁上，是孩子们的手工作品，全被菜虫扯下来了。于是我接受批评，坐下来，跟菜虫一起，慢慢修复。

作为唯一一个在这个美术空间里学习超过一年而没有一件完整作品的小孩，菜虫似乎被老师认定为问题孩子，而我也不打算继续送他学画了。不是说这个美术空间不好，更非断定菜虫没有美术天赋。而是，我知道，在这一场域中，有个住在菜虫身体里的精灵，变成了一个捣蛋的精灵。它按照自身的逻辑行事，这个逻辑很强大，强大到经常违反大家必须遵守的规则。如果我们理解这个精灵，就能理解菜虫为何要做"坏事"，只是并非所有人都能看到这个精灵。即便是我，也未必能全部理解这个精灵。

每个孩子身上都住着这样一个精灵，当我们理解它，它就可能表现为正能量。借助这一能量，若展翅高飞，则扶摇直上；若引吭高歌，则响遍行云。而当我们无视它，就觉得这孩子匪夷所思，甚至不可救药。童年的秘密就在此处。菜虫体内这个精灵，就像小飞侠，时而翻江倒海，时而静如处子。

六一节，菜虫参加了文艺会演。他表演一条小鱼，动作是手放背后，不断做游动状。为了这个配角，菜虫激动了好几个礼拜。尤其是演出服首次拿回家试穿时，穿上就不肯脱下来。演出时，菜虫除开了几次小差之外，基本没捅娄子，我们庞大的亲友观摩团，一边沾沾自喜，一边感叹：这个啥事都不懂的明显晚熟的孩子，竟然也能融进集体了。在这一场域中，那个精灵，与整个舞台相安无事，甚至如鱼得水。虽然菜虫不是主角，但那个精灵，确乎大放异彩。

为什么同一个小孩，面对不同的艺术样式，不同的场域，表现会如此不同？那个精灵，貌似更喜欢表演和舞蹈呢！

而我其实不这么认为，因为，那个精灵事实上喜欢任何一种艺术样式。有几个晚上，我们都要睡觉了，菜虫突然说爬凳？小菜一碟。

喔

喔

喔

这个喔出来的世界真奇妙！

要唱歌，一口气唱了十多首。而当他拿起笔歪歪扭扭作画，画出来的竟是"植物大战僵尸"，蘑菇吹泡泡，长满整张白纸。而当他安静下来，这个精灵似乎又想起了故事的乐趣，拿过《大卫上学去》，一边念念有词，一边乐不可支。

这个住在孩子体内的精灵，就是上天赋予的艺术潜能，就是"快乐、自由、创造"本身。艺术是这三者最集中的表现，艺术的创造，有赖于个体的自由意志，而在这种创造中，人们能获得的精神愉悦，超过任何其他乐趣。

我们每个父母都相信孩子的天赋，于是给他们各种艺术培训的机会，绘画、音乐、舞蹈、书法……因为家长们相信，这样就能从中找到最适合孩子的那一个，从而实现对孩子天赋的发掘。这听起来不错，但我觉得，最核心的，是成年人要摒弃功利化的目的，俯下身、潜下心、支起耳朵，去聆听这个精灵的呼唤，因为这个精灵从来都遵循自己的原则，率性而自由。当家长在寻找的时候，精灵也在寻找自身的出口。可一旦当我们对它有所要求，它就会跑到我们找不到的地方。

神秘的精灵，淘气又顽皮，创造力与破坏力并存，但并非全然不可认知。对于孩子，艺术活动是最为享受的过程。童蒙时期，孩子整个处于艺术之中，与表演无关，与未来的成功无关。他时刻处在自由的想象世界之中，参与的主体，唯有他自己。成年人的意义在于，他并非孩子的建设者，而是守护者。守护这个精灵，甚至听任精灵的桀骜不驯、蛮横无理，这是成年人的职责。直到孩子成年，拥有理性去把握自身。

这样，那个精灵，将如星星被召唤，欣喜地闪耀光芒。

2012 年

35

亲子游戏

在这次亲子游戏中，那位母亲所做的，可能会对女儿产生潜移默化的影响——原来可以作弊，原来规则并不重要！

这是一个大型室内儿童游乐场组织的亲子游戏，要求孩子与父亲或母亲一同参加。菜虫拉我参加，跃跃欲试。游戏流程是这样的：父子俩各一只脚绑在一起，然后从起点拿一只塑料球，以两人三足的形式走到终点，然后投球入筐，以两分钟为限，多投进者获胜。工作人员强调三点规则：第一，每次只能拿一个球；第二，必须到终点投篮；第三，必须回到起点来取下一只球。

两队一起进行，具有竞技的性质，我跟菜虫排在第二组，先看第一组比赛。这是一对父女同一对母女的比赛。工作人员哨声还没响，比赛就已经开始了。只见这对母女拿起两只球，抢跑，然后一路往前奔。工作人员一看母女已经跑了，赶紧吹哨示意比赛开始。这对母女跑到终点，投篮，没进，赶紧往回，还没回到起点，半途看见一只球滚在脚边，连忙捡起，转身又往终点跑，投篮。由于心急，虽然抢跑又作弊，也没扔进几个球。另一对父女因为女儿年幼，总是慢吞吞的，绑脚的绳子经常掉落，两分钟到了，一个球也没进。

　　我跟菜虫说：你投一个，我再投一个，咱俩轮流。比赛开始，父子俩不紧不慢，按照规则行事，最后菜虫投进一个，我投进两个，一共三个，竟然在十个队里面得了第三名。菜虫获得了几张绘画纸作为奖品，颇得意。

　　然而，这个亲子游戏让我联想的东西却很多。全世界都在问：为什么中国人不爱守规则？在很多成年人那里，规则意识的确很淡漠。如那对母女，母亲抢跑作弊，自以为捡了便宜。这的确是一些成年人的基本想法：就是要占便宜。前几天去北京，机场安检处排长队，一对老夫妻，一路插队，说：到点了，还有十分钟起飞了。大家纷纷给他们让路。登上飞机才发现他们跟我同一班，刚才插队时至少还有半小时。老头嘴里还说：今天太顺了。这是另一个版本的不遵守规则。想想也是，在国内，不遵守规则总是能带来小利，并且不怎么会受到惩罚，何乐而不为呢？

　　教育就在细节中。如果我们意识到不遵守规则就不是现代人，希望孩子们成为现代文明人，那么，身体力行就远重

于耳提面命。在这次亲子游戏中，那位母亲所做的，可能会对女儿产生潜移默化的影响——原来可以作弊，原来规则并不重要！这样一次身体力行，作为一个榜样，比在耳边念叨一万次都有效。而从整个社会看，像这样没有规则意识的父母教育出来的孩子，要产生现代规则意识，并不容易。

同时，我也在思考这位母亲不守规则的观念根源。我觉得，她就是随时准备破坏规则的。从其一开始获取参赛资格就是这样，别的小孩子在排队，她以一个成年人的身份，直接插队问工作人员要了资格证。而就比赛而言，她可能是目的论者，在她看来，获胜的目的远重于参与比赛的过程，因此可以为达目的不择手段，践踏规则何足道哉！这种逻辑，我们是不是很熟悉？只是这一次仅仅表现为亲子游戏而已。

而在菜虫这个小笨笨看来，他首先享受的是参与比赛，获不获奖，他都很开心。因为前一次我也跟他参加过亲子游戏，是呼啦圈，结果笨拙的父子俩双双荣获倒数第一。但菜虫也很开心，还参与拍照合影。

　　教育就是这样，成年人用自己的言行塑造着孩子。反躬自省，我离一个守规则的现代公民也很远，毕竟是在这个环境中成长的，理性能认识到，可在日常生活中未必能全部做到。举一例，以后改正。在环城东路通往世茂的路上，有一隧道，隧道西边有一单行线，车辆只能由北往南开，而隧道东边却因为有环城河，没有设计由南往北开的单行线。自然，这有道路设计的不合理。而我，经常为了抄近路，在这条单行线上自南往北逆行，有时候还带着菜虫。今天参与了这个亲子游戏，于是反思自己：我与那位母亲，是五十步笑百步。

2012 年

36

教育：应和生命的节律

蒙台梭利说，承认儿童具有不同寻常的能
力并不会降低父母的权威。我想加一句，
只有承认孩子的多样性和独特性，才可以
成为一个不错的教育者。

成为奶爸之后，有机会近距离观察孩子的成长，在这种对孩子的观照中，才获得重新梳理自我生命历程的可能。一则感叹童年的神奇；一则只有当我观察孩子何以成为他自己的时候，才明白我如何会成为现在的我。

菜虫基本上是个文艺少年，与科学少年又又同学，理性少年涛涛同学，运动儿童陈天译，是完全不同的四个人。因为四个孩子的父母都是朋友，教育观念亦比较接近，就经常让几个孩子一起玩，父母则得以彼此促动，发现新的神奇。

又又同学最逗的一件事，是放学的时候偶然得到一张兴趣班的宣传单，他惊喜地发现，上面有一个叫作"小牛顿"的科学班，于是按图索骥，给自己报了一个培训班，每周六下午，都玩得不亦乐乎。

涛涛同学，自我认识他以来，从来没看到他发过一次脾气。他是最善于情绪管理的孩子，信任他人，安全感很强。在我几次跟他们讲汉语经典时，涛涛总是脸含笑意，眼睛牢牢盯着我，我从那明亮的眼眸中，得到许多会意的感动。

菜虫同学，就如你所见，是一个时刻静不下来的永动机型男孩，他玩的动作幅度不大，但时时都有自己的说法。他善于模仿最近看过读过听过的任何一种故事情节，经常沉浸在童话世界中，与外界无涉。

这里，我所谓的科学少年、理性少年、文艺少年以及运动儿童，无非一个标签化的脸谱。事实上，这几个孩子，还有其他更多的同龄人，他们的丰富性又岂是这么简短的几行汉字所能概述的。但我之所以不惮如此简化，无非想强调一点：他们虽是同龄人，但性格各异；虽说同样可爱，但可爱之处却千差万别。他们是如此丰富，又如此不同。而这些独特性，让我深喜造物的神奇，让我敬畏个体的尊严。就像世界上没有两片相同的树叶，这些性格迥异的孩子，带我徜徉在生命的旅程中，给我无数的感动，又给我无数的思考。

作为一个少年的监护人，同时作为一个教育从业者，对孩子的观察，常让我反观当下的教育：我们究竟做了什么，又做得如何？

　　诚然，我确实是在成为父亲之后，才悟到教育究竟是一件怎样的创造性工作，从而有能力去反思，教育核心价值何在，教育的最为重要的影响深刻在何处。同时反观当下这种体制内的教育，其成就在何处，其违背孩子的天性又在何处。例如，我们在意那些耳提面命的说教，却不在乎成人日常生活中的言行举止，才是孩子最易于效仿的对象。例如，我们太在意用可以量化的指标去规范孩子，却不在意教育往往是一种无用之用，看似浪费时间消耗生命的过程，或许正是才华喷薄欲出的前奏。又例如，我们太喜欢用整齐划一的标准，去衡量孩子的学习成绩，却不在意那种丰富的多样性，才是孩子成为他自己的最关键的要素。

　　多年来，我一直持续批评教育体制，我总在想，我们教育中人，又可以做怎样的补救，以及许可范围内的创造性工作。

身为高中教师，执教苏教版语文教材，每逢跟学生读到杨子《十八岁和其他》一文时，我都很感慨里面的一句话："说起来是非常令人诧异的，享受过自由自在的读书生活的我们这一代，在思想上、制度上却布置了一个叫你们憎厌的读书环境。"杨子写此文是在数十年前的台湾，反观当下，可能我们大陆的孩子所遭遇的教育环境，更数倍于当时的惨烈。制度的刚性设计，蛮横地拒绝了每一个孩子成为独特的自己的天然权利。不管性别、年龄、职业、长相，不管具有何种多元智能，你只能被一种放之四海而皆准的客观标准来衡量。同一把尺子，要衡量的却是丰富的多样性，当下教育体制的问题，于此被突然放大。

作为无数教育从业者之中普普通通的一位，我并没有建言制度改革的机会，但身为一个未成年人的监护者，若不能施以力所能及的援手，我也会感到自己的无能。我经常引用鲁迅那句名言"肩住黑暗的闸门"，但我对这个"黑暗的闸门"的理解跟别人不同。我不认为存在一个象征意义的闸门，或者存在一个总的闸门，似乎只要扛住了，孩子们就幸福了。

事实上，这些闸门无所不在，也并非全然是黑色的，有些可能是灰色的，而有些是浅灰，近于无色。为人父，为人师，得就事论事，将事物还原到其本然的样子，然后再一件一件去解决，不枝不蔓，不盈不溢，不过度罪化体制，也不过度神化自己。总而言之，基于常识，基于事实。

教育的多样性，是我们必须思考的众多小闸门中的一个。当我们面对学生群体的时候，群体性往往遮蔽了我们对孩子个体的深入了解。可是，这些孩子是如此不同，焉能施之以一概而论的教育？惜乎我们的教育体制，并没有给孩子们提供实现各种可能性的可能。因为这种可能需要建立在我们对孩子独特性的足够认知之上。譬如，孔子说因材施教，我以为仅是一种经验之谈，孔子的时代并没有现代科技，而现代心理学带给我们对人本身的深入了解，因材施教无非基于孔子多年的教育实践。但近代以来科技人文的长足发展，已经让我们可以有对人本身的科学理性的深入认知，现代教育，就是建立在这些现代知识体系之上的崭新的教育。时值 21 世纪，仍持等级社会的价值观，教育如何能面向未来？

　　蒙台梭利在《有吸收力的心灵》一书中说，承认儿童具有不同寻常的能力并不会降低父母的权威。我想加一句，只有承认孩子的多样性和独特性，才可以成为一个不错的教育者。罗素那句被广为引用的名言"参差多态，乃幸福之本源"，我一直认为是一句教育的箴言，因为这句话正应和了个体的特点——参差多态，丰富多彩。就像我经常见到的那些孩子，他们或科学，或文艺，或理性，或感性，我们不能要求科学

少年与文艺少年拥有同样的感受，自然也不能制定粗疏笼统的评判标准。

　　将群体还原到个人，将个人的丰富与独特认识到最深，这是有关生命的历程。我们自可以设计出一种最不坏的制度，来保障个人的权利。但宽容的前提首先是了解，一种基于现代知识体系与思维方式的了解。了解越多，越懂得生命的节律，谦卑就会越多，尊重就会越多——因真理，得自由，以服务。在服务中，师生双方的互相生发，将成就彼此。教育就是这样一件与人为善的事业。

2013 年

㊲

家长所需，无非常识

在我从事教育的 18 年来以及成为奶爸的 8
年多来，接触到的为人父母者，懂得儿童、
懂得教育的，实在寥寥无几。基本上，无
非两种父母：一种把孩子当宠物，一种把孩
子当作缩小了的成年人。

　　去年冬天的某一日，我在路边摊上吃早点，并排而坐的是一对父女。女儿五六岁，正在乖乖地自己吃面条，父亲一边吃一边教育她：这就对了嘛，乖一点，爸爸就不打你啦。我听见"乖"和"打"两字，便浑身不舒服，不免多看了这位父亲几眼。这位父亲看上去比我还要小好多岁，怎么会有这样暴力的教育观念？之后我将这事跟一个同事讨论，他羞愧地跟我说，他也是这么教训女儿的。

　　在我从事教育的18年来以及成为奶爸的8年多来，接触到的为人父母者，懂得儿童、懂得教育的，实在寥寥无几。基本上，无非两种父母：一种把孩子当宠物，一种把孩子当作缩小了的成年人。与此同时，因为不能真正了解儿童，便也不能很好地理解自己为人父母的身份与职责。不了解自己，不了解儿童，不了解教育，导致这位父亲有了这样的言论。"乖"，在现代观念之下，并不是一种积极的性格；而暴力，显然更不应该出现在儿童教育中。可是，这样教育孩子的，所在皆是。

　　我的有限经验告诉我，就儿童教育而言，西方自现代科技以及现代儿童心理学突进以来的所有研究成果，那些大多数在西方已经是常识的东西，基本上还在多数中国父母视野之外。我们仍是沿用祖辈教育父辈、父辈教育我辈的观念与方式，在教育我们的下一代。父母不去思考儿童的特性，也不把自己当作教育者看待。多少中国儿童就这样度过了他们暗淡无光的童年，而他们本来可以拥有更加幸福的童年，只要父母愿意敞开怀抱学习。豆瓣网有一个"父母皆祸害"小组，我潜入其中，看得胆战心惊，时时反思自己：究竟，以爱的名义，我犯下了多少过错？

　　近几年，"70后"与"80后"一代人开始成为父母，并在儿童教育领域崭露头角，对儿童的天性与教育的本质，有很多新鲜的、现代的观点，这都是非常值得期待的迹象——我们的儿童观正在逐渐走向现代。我可以指出一长串有着现代观念的年轻父母，他们的观点与做法正在得到越来越多的新进父母的认同，从刘瑜到粲然，从熊亮到杨政，不一而足。但总体而言，中国的父母，热爱学习，能够尽力去理解儿童的，仍是少数。

所以，在这样的中国语境下，来看瑞典埃伯哈德博士的著作《儿童是如何掌权的？》，就应该能够理解其中的文化差异。儿童本位不是一个新鲜的概念，在西方成为主流观念，历时已久。瑞典是所谓"儿童友好"之邦，埃伯哈德博士指出的危机，无非一种矫枉过正，并不意味着"儿童本位"这一基本原则在西方有了动摇，甚至连盛世危言也算不上，因为这是一种批评的常态。这个情况跟美国人老是大喊美国教育不行啦，性质相似。若说美国教育不行，可是几乎全部科技创新都在美国。这种常态的批评是一种制度性的自我纠错。瑞典也好，美国也好，挑刺与纠错的言论总是受欢迎的，这是教育界内部的良性互动，真诚的反思与持续的批评推动教育不断进步。是以每隔一段时间在欧美总有"狼来了"的惊呼，千万别以为那是真的，千万别以为这下中国式的严厉教育要占上风了，人家是制度性的自我反思而已。

中国父母的普遍问题，不是过于儿童中心化，而是多数父母仍处在这种普遍认知的水准之下。所谓独生子女成为家中的"小皇帝"，受到万般宠爱，看起来与儿童中心化有几分相似，但其内核是截然不同的。也即是说，宠溺与尊重是两件完全不同的事情。宠溺无原则，而尊重则有对儿童本位的理性认识。

波兹曼在《童年的消逝》中曾说过，童年是文艺复兴的产物。这是什么意思呢？就是说，童年是近几百年才开始有的一个概念。或者说，这是社会文化的一种建构。之前，也有小孩，但文化概念中却没有童年这一说。西方有现代儿童本位的观念并深入人心，是在几百年的过程中不断形成的。洛克、卢梭等从哲学层面讨论，弗洛伊德等从精神科学层面讨论，皮亚杰从儿童心理学方面讨论，更不用说现代科技带来的对人的进一步认识了。

我们有这样的认知之后，对人的成长特性，就会有一种新的理解。而这些认知，在多数中国家长那里是付诸阙如的。是以，我们仍需要重温近100年前鲁迅提出的那个命题：我们现在怎样做父亲。

　　虽说理论界对"儿童本位"的论述早就汗牛充栋，但对于多数中国家长而言，承认儿童与成年人有不同特质，仍是一种新的观念。蒙台梭利说，儿童不仅是一种物体的存在，更是一种精神的存在，它能给人类的改善提供一个强有力的刺激。河合隼雄则说，在孩子的心中，有一个宇宙，以无限的深度与广度存在着，成年人应尽力去理解这个世界，或这个宇宙。我最喜欢引用的是河合隼雄的这句话：我们都曾经是个孩子，但我们忘记了自己曾经是个孩子。这句话里面其实包含着一种成年人的自我批评：我们往往以成年人的既定思维，去简单化地看待儿童，从而取代儿童的不同特质。当然，儿童本位，在我的理解里，不是将儿童神化，将之看作绝对的美好，而是根据现代生理学与心理学的发展，去认识儿童本身的特性，不诗化，也不简化。如蒙台梭利所做的那样，以科学而非臆断，去了解童年的秘密，从而做出有利于孩子的安排，以期他们更加健康地成长。

在此意义上，中国家长常见的宠溺孩子的做法，显然有悖于儿童本位。当然，在中国，这自有来历，因为严厉的生育政策，导致每家只有一个孩子，却有六个成人，于是，天性的爱被泛滥，孩子在溺爱中恰恰扭曲了本性。过于丰富的宠溺，无原则的听任，恐怕也是中国盛产"熊孩子"的原因之一。

因此，无论在家庭还是学校和社会，成年人均应与儿童建立一种更为正常的关系，其核心可能有如下这些：爱、平等、契约。我这里仅能做一些描述，并非严格定义。

比如，关于爱，最为关键的一点是，爱也需要得法，爱不是无原则的宠溺。蒙台梭利重视儿童的独特地位，但她同样强调纪律与服从。事实上，在一定年龄的孩子那里，服从是他们的需要，服从让孩子体会到与成年社会的契合。

关于平等，蒙台梭利在《有吸收力的心灵》一书中说，承认儿童具有不同寻常的能力并不会降低父母的权威。当父母可以说服自己把孩子在成长过程中的主角位置还给孩子、心甘情愿地当好配角时，才能更好地履行自己的职责。这样，从更广阔的视角来看，他们对儿童的帮助就会更有意义、更有价值，也只有适当的帮助，才会让儿童健康成长——这才是父母的权威和尊严的真正体现。不过，对于具有传统观念的中国人来说，可能会对这种认识有一定的拒斥。因为中国有漫长的"君君臣臣，父父子子"的等级观念。有的父母会这么认为：我生了你，你就是属于我的。然而，凡有隶属关系，便不再平等。这一点，也正是鲁迅等五四先贤所着力批评的。父子关系可以有多种多样的表现方式，严厉或轻松，都是家庭特色，但显然，父子之间不应存在主次尊卑的等级。

与契约相对的便是中国式"做规矩"这个词。我分析过"做规矩"这个词组，在这个动宾结构里，一方是动作的发出者，另一方是被动的接受者。显然，成年人才是规矩的制定者、监督者以及执行者，而儿童只能被动接受。我认为这里有成人霸权的自我陶醉。因而，我建议用契约来替代规矩这个词。契约社会，是现代社会的一种形式，契约是一种无论家庭或学校都应遵循的民主原则，给予孩子以自由，而又能践履自己的承诺，从而使他既有自由选择的可能，又有坚定的责任感。

　　常识的缺少，还有多种表现。因为家庭教育是一件各家各异的事情，家家有本难念的经，孩子各有各的特点，不一而足。但我们可以努力尝试去确立一个基本原则：基于儿童

本位之上客观的认识，从而保障孩子有一个快乐的童年。童年时期的幸福感受，很大程度上会影响孩子一生的幸福观、价值观、人生观。前几年，我跟几个朋友写了一套给孩子读的小书，命名为《新童年社会启蒙书》，这个丛书的要点在于一个"新"字。就主观意愿而言，我们认为，需要以一种基于传统中国之上，而又带有现代性的崭新的价值观，来滋养我们的孩子。若以国家民族等大词而言，传统中国向现代中国的转变，"观念的现代化"的重要性，犹在器物文明的现代化之上。我们的新童年，便寄寓于一点，我们要用一种"理通东西"的普遍观念贯穿，写出中国文化背景之下的童年。我们的写作可以这么去靠近，贯彻在日常生活之中的教育，也尽量往这个方向去努力。

2013 年

38

从丁克主义到资深奶爸

奶爸这个身份是有期限的。当孩子"精神断奶"，当他能以健全的理性自立于社会，奶爸的工作就告一段落。

　　结婚近两年的时候，我还是丁克主义者。丁克这个外来词，在"70 后"这代人中，是颇受关注的。而我的丁克主张，基于两个想法。一是我对"个人主义"这个词的有意曲解。我认为，我的人生价值或意义，需要以自身的个体生命来实现，而不附丽于任何外在客体。在生不生孩子这件事上，我的理解是：个人的价值，亦不需要以后代传承的方式来体现。比如，我若最终以某著名儿子的父亲而知名，就像林长民那样，世人只知其为林徽因之爹，而不知其为辛亥元勋，这样的人生便不是我的人生。这当然是对个人主义的错误理解，我这么想，是有意为之。

　　第二个想法，来自被动选择，却是事实依据。这个时代是不宜居的，比如空气、水质、食品安全等，尤其是一以贯之的应试教育，我不敢带一个孩子来到这个世界。我们要自我祛毒，抉心自食，其中创巨痛深之经历，我并不愿意孩子们再来一次。

　　这些都是我选择丁克的理由，是坚定的信念。但在 10 年

前的一个三线城市，这样的主张显然是要承受压力的。对于
结婚两年还不生孩子这件事，我收到的最贴心的一条忠告是
这样的：杭州阿波罗男子医院据说不错。而给我最多的一种
批评则是：不想要孩子，是因为不敢负责任。在一个世俗加
市井的社会，丁克主义者可以依靠的资源并不多。幸好我一
直自命为特立独行，这些世俗阶层的谣诼并不会放在心上。

后来读到同为 1973 年生人的王怡的一篇文章，顿时底气
足了很多。"很多人对丁克者通常的指责说不要子女是缺乏责
任心。这是种误解。在责任之下，养还是不养不构成一个疑
问。但是生还是不生，这就是真正的问题。责任是从生养中
诞生出来的，无生命即无责任。"这样，我的丁克主义就板上
钉钉了。

那么，事情是如何发生的呢？我终于在 2006 年成了奶爸，
而所有的转变都在一念之间。只要这一念的转变，一切均顺
理成章。时至今日，我近乎成了一名儿童崇拜者，以阅读儿
童类书籍为乐，以从事以儿童为主体的事业而乐此不疲，甚

至觉得这是一种奇异的恩典。因为对于理念人而言，理念才是最重要的。以上种种，都发生在内部，是心灵事件，而非公共事件。所以，只要这一理念想通了，便一通百通，而我也终于以无比感恩的心，成为一个资深奶爸。

丁克，至少关系到两个人，即夫妻双方。在我的以上表述中，所有思考与观念的主体，都是我，即婚姻中的丈夫一方。而妻子被无视了，是缺席的。在决定是否成为丁克家庭这一点上，妻子的权利被漠视了。婚姻自然需要建立在爱情之上，而所谓的爱情，其中必然包含对对方感受的在乎。任何单方主导的婚姻，都是畸形的。尤其是男性主导的婚姻，我常怀疑其中有许多封建家长制的遗存。如果我们自命为自由主义者，那么群己权界这件事，也应体现在家庭生活的方方面面。

如果虫妈有成为母亲的权利，我即不能以丁克主义为理由，单方面剥夺虫妈的这个权利。在婚姻之前，尽可像黄舒骏《恋爱症候群》里唱的那样，沉醉在迷狂之中，对一切都充满神经质的幻想。而我们必然会知晓，爱情是一种激情，激情短暂而生活永恒。婚姻背后琐碎的家庭生活，是柴米油盐，是鸡飞狗跳。为什么中年人肌肉松弛、神情疲惫、眼神浑浊，我以为便是这种激情消退之后贫乏的日常生活所致。多数夫妻没有经过这样的思考。为什么要孩子，为什么不要孩子，很多中国人不会去思考。而我与虫妈，时常在考虑，究竟哪一种生活，是我们想要的。

虫妈怀孕时，我跟她一起读龙应台的《孩子，你慢慢来》。里面写到龙应台的一个诗人朋友，成为奶爸前，有很多社交活动；做了父亲后，每晚 8 点半，便辞谢回家，给孩子喂奶粉。后来菜虫出世，我也把之前的很多社交活动推掉了。虫妈觉得真好笑，跟龙应台笔下的诗人一模一样。为什么呢？因为我觉得跟孩子在一起，是生命中最为享受的时刻。犬子在，不远游，是因为不愿意错过孩子时时刻刻可能给我的惊喜与感动。

几年之后，我发现，龙应台的《孩子，你慢慢来》写得很好，那不是育儿书，只能叫作知识分子的亲子随笔。因为龙应台有人文知识分子情怀，却未必有儿童心理学的专业视野。这样的知识分子育儿随笔，还有很多，比如杨照的《我想遇见你的人生》之类，都可拿来一看，但里面一些对孩子世界的理解，我总觉得似是而非。

　　当奶爸的时间越久，读书学习的动力越大。我是这么想的，在中国孩子的恐怖的成长环境中，空气、水质、食品等都是我不足以掌控的；但教育，至少在进入公立学校体制之前，是我可以掌控的。尤其是作为一个男孩子的父亲，应该在他精神上"弑父"之前，帮助他建立自我理性。建立这种理性，正是为了我自己早日告别"奶爸"这个身份。基于这样的想法，我在孩子刚降生时，读的多数是如松田道雄的《育儿百科》等实用读物，而随着孩子智慧的不断增长，我开始读了很多如蒙台梭利、河合隼雄等专家的著作。我还读了很多绘本，以及绘本的研究读物。在这个过程中，当"奶爸"的艰辛与快乐被我尝遍，我从来没有像现在这样，真正理解"爱"这个词里面深沉的情怀。有时想来，不免惆怅，因为奶爸这个身份是有期限的。当孩子"精神断奶"，当他能以健全的理性自立于社会，奶爸的工作就告一段落。想来，世界上有许多种爱，别的爱都是为了相守，只有亲子之爱是为了远离。但在我，却无悔于从丁克到奶爸的转变，因为，不是我们给了孩子生命，而是孩子教我们认识了生命。

2013 年

39

爱 是 原 生 的 能 源

——给菜虫的一封信

我今天来给你写这封信，是想要重申这一
点：爸爸妈妈真的非常感激上天赐予我们做
父母的机会。作为小屁孩，你已经给予我
们太多。

小屁孩:

你好呀!

看到这封信时,你大概会是几岁呢? 我想不出,所以只好写给现在睡梦中的你。你做的那些关于恐龙啊魔法啊马桶下水道之类的梦里,肯定不会有爸爸吧。这个爸爸,在你8岁的某一个夜晚,跟你讲完恐龙之后,看你睡着啦,就悄悄溜到书房给你写信,写给将来的你看。想到这点我就想偷笑。哼哼,你现在不是很拽吗,总是企图借着辩论的方式向我们呛声示威。你看,现在,我给你的这个意外,你总要好多年之后才知道吧。我一定要给你一个惊慌,对的,就是惊慌,绝非惊喜。尤其是小猪阿姨和晓丹阿姨说,这封信得好好写,因为你八成要拿给你女朋友看。所以,爸爸决定,要在信里写满大词,表现父辈们深沉的忧国忧民之情,以及足够多的思想含量和热爱生活的积极开朗的三观。非如此不能过瘾也。

其实应该有一种时光胶囊,就像前段时间被挖出来的乔布斯的时光胶囊一样，这封信应该放在某个不为人知的地方。20 年之后，或 30 年之后，总之是未来，人们挖出来，看看当年的中年奶爸，如今的糟老头子，究竟写了些什么。事实上我也很期待，若干年后，你肯定成为大人了，说不定跟我现在这个年龄差不多，我倒想看看，你究竟成为怎么样一个成年人，是像如今的爸爸一样贪玩，还是成了一个挺着大肚子的中年油腻男？

而从你的成长经历、人生体验中，比如开朗乐观吗、积极面对吗、善于自我反思吗等等，我也想验证，爸爸在伴你成长的路上，是不是做到了我所能做的最大可能。生命只有一次，单程不可逆。幸好每个人都有自己的特点，而我们身上的所谓缺点，恰恰可能就是我们的特点。而特点，正是我们用之来立身行事的。所以，我尽管有很多遗憾，但并不因此自责，尽管看到你身上很多我应该及早介入的所谓缺点，但人非神圣，孰能完美，完美就不可爱了也。

我读过很多长辈写给晚辈的信。最著名的近代书信集，

大概就是《傅雷家书》了。现在看起来，傅雷的很多观念尚可以接受。五四那代知识分子，毕竟受过现代思潮的洗礼。可是你知道吗，像傅雷这样育儿观念比较现代的，直至如今，也比较少见。在你的成长过程中，爸爸逐渐形成了自己的父亲观、父子观、教育观。这些观念，常与多数人的观念有所抵牾。然而爸爸是一个自信且坚定的人，我与妈妈一边努力寻找那些可以并肩前行的人——你经常看到的那些熟悉的叔叔阿姨，就是爸爸妈妈的同道中人；一边呢，爸爸也尽量扩展自己的教育观。我努力发出一点点声音，希望能有更多仍在学习做父母的人，来一起学习如何做父母。所以，我总是不失时机地讲一些我所认为的跟家庭教育有关的常识。常识之所以必要，是因为中国人的很多观念还在常识之下。

比如，中国的大多数家长，都习惯于控制自己的孩子。似乎做了父亲，就有了对孩子生杀予夺的权力。这是我这个父亲所不能容忍的。所以当一大票一大票的人在教孩子学《弟子规》的时候，爸爸妈妈在给你讲恐龙，讲魔法，讲《哈利·波特》和《纳尼亚传奇》。因为这两类文本最不同的地方在于，

前者叫人习惯于被威权所控制，后者则叫人拓展与生俱来的
自由。自由对于我来说，首先意味着安置自己人生的权利。
如果这一点都做不到，那么，爸爸心里面藏着的更多的大词，
就一个都没有办法说出来。

　　我始终认为，你的生命是你自己的。你可以不继承父亲
的遗志，也可以不继承父亲的遗书——对，就是爸爸将来遗
留在书房里的万册藏书，你送给图书馆，或者干脆烧掉，像
原始人一样围着跳舞。只要你愿意，你就去过那种你自己认
为快乐的人生。我跟妈妈就是这样期望你的，我不知道将来
你看到这些文字时，我们对你的期望是否实现。实现的标志
就是，你完全有能力规划自己的人生，并用自己的劳动和智
慧养活你自己。而爸爸妈妈所有的准备，就是希望你成为一
个自立的人。那些讥刺爸爸妈妈对你过于溺爱的朋友，那些
看到你无忧无虑便心生担忧，怕你输在起跑线上的人，其实
我一个字都不认同他们的观念。无他，我们只是享受与你共
处的时光而已。

海阔洋洋，忘记爹娘。这句话是我们老家诸暨责怪下一代的话。在我为人子而尚未为人父的时候，想起这句话，就想起你奶奶，那个一辈子含辛茹苦，将一生之中最美好的岁月荒废在这个国度最动荡时代的奶奶。你知道吗，他们那一代人，那种生活的艰辛，是我们无法想象的。奶奶因为过度劳作，30岁出头就椎间盘突出，那时候医疗不够，奶奶每天疼痛不止，无法工作，又不知何病，而我与你大伯尚幼，奶奶曾以为不久于人世，每晚哭泣，放心不下。爸爸于今思之，仍是恻然。爸爸现在也椎间盘突出，那是玩电脑游戏玩的。所以，我觉得，你要玩，还真得趁年轻，到了椎间盘突出，就玩不动啦。这是你的权利，爷爷奶奶含辛茹苦，不是为了让你铭记，让你还债，让你背负历史的包袱，他们的辛苦付出，就是为了让你们这一代有权利好好玩。

你们现在玩什么游戏呢？我这辈子玩得最愉快的游戏是《魔兽世界》。并且，我玩得最开心的那段时间，就是你还在妈妈肚子里的时候。每晚，妈妈早早休息了，我一个人在书房电脑前玩得不亦乐乎，真怀念那段时间啊，一点都不用关

心国家大事，也不用关心教育问题，因为教育问题还未严峻
到需要我直接面对——你还没出生啊。

以上你可以看出，爸爸其实是一个旧道德与新思想纠合
在一起的人，所以我会要求自己时常跟奶奶通电话，但我不
会这样要求你。海阔洋洋，忘记爹娘。亲情是在的，我与妈
妈会想你，但你对我们并不负有常回家看看的义务。尤其是，
你已经给过我们足够的快乐，这些快乐藏在我们心底，即便
你不来电话，任谁也夺不去我们温暖的回忆。

在中国式的长辈对晚辈的生命规划中，著名的还有《朱
子治家格言》。爸爸的外祖父，就是你见过的那个合肥的曾外
祖父，曾是国民党军队的秀才，战败被俘，爸爸念小学时外
祖父从新疆劳改回来，在他的房间贴了一幅格言，他用民国
时代童子功练就的毛笔小楷书写，以此教我。幸好我溜得快，
而外祖父也不喜以苛法待我，是以《朱子治家格言》我仅记
得一句：清早起身，洒扫庭院。你看，自小，我们家里一点
也不整洁，就是从没有清早就起来洒扫庭院啊。其实也不是

不喜欢整洁，我不能容忍的是，一个我连面都没见过的歇了好几个世代的老头子，凭什么左右我们当下的人生？

正因为如此，在下决心生你之前，是颇费了一番踌躇的。其实，在与你妈妈结婚前，我是一个丁克主义者。我曾把这个意思告诉了还不是你妈妈的那个女孩子，她当时一笑了之。之所以是丁克主义者，现在回想起来，是因为不知道当父亲对我生命的意义，以及那些凭空想出来的莫须有的忧虑。比如，我曾认为这个世界是颠倒的，就不希望带一个孩子来过这种颠倒的生活。当然，在我成为父亲之后，我所面临的忧虑，远远大于当初的假想。可是，你带给我的喜乐之巨大，更远超过我的所有忧虑。

为了是否要生一个孩子，我跟你妈吵过很多次架。我说你婚前不是答应丁克家庭的吗？你妈说：我哪里答应了？我只是一笑了之。你看，女人就是会骗人。她一笑，我以为她答应了，而她却狡辩说是以此种方式否定。所以，现在一些普通市民夫妇的话语体系里，女方为了强调对男方的付出与

牺牲，总爱说：我给你生了一个儿子。首先，我不赞同这话，这是女性对自身价值的降低，降低为生育工具。爱情与婚姻，都是双向的，不应存在单方面的牺牲。在我们家里，爸爸是这么跟妈妈抱怨的：你看，我为你生了一个儿子。哈哈，这是玩笑。事实上，我很感激妈妈的坚持。若非有了你，我对爱、对生命、对教育等诸多问题的理解，绝对达不到这个层面。

小屁孩啊，你可能不知道，自从有了你，爸爸妈妈在思想与见识上的进步，可不是以道里计的。尤其是爸爸，简直有了脱胎换骨的变化，这一切，都是拜你所赐。所以，尽管是爸爸妈妈给了你生命，而你也给了我们新的生命。所以，我今天来给你写这封信，是想要重申这一点：爸爸妈妈真的非常感激上天赐予我们做父母的机会，从而内心充满感恩。作为小屁孩，你已经给予我们太多，我们又怎能因为个人的种种私心，而绑架你未来充满丰富可能性的生命呢？

尤其，我理解到，爱，就像一种原生的能源，是越给予越丰富的。曾经一度，我觉得人到中年，精力不济，抱怨你耗费了我太多的时间。但我马上意识到，这种陪伴的幸福，是一种恩典，在我们彼此感受到的绵延宽厚的爱里，所有的忧虑，都变得像蛛丝一样轻描淡写，而所有的幸福，都像天地间充斥的空气，将我们紧紧包围。

嗯，你渐渐长成大孩子了。爸爸只能在你熟睡时，偷偷亲你一下，希望不至于使你梦见是一只怪兽在啃你。

晚安，小屁孩。

爸爸

2013 年 11 月 24 日深夜

结束语

感恩这天赐的礼物

从享受亲子时光的层面来讲，育儿是一个魔法显现的过程，是一次童话成真的经历。育儿的过程告诉我，童话从来就是事实。

成为父亲之后，我常喜欢引用华兹华斯的句子"孩子是成人之父"。这句话来自华兹华斯的诗歌《虹》："儿童本是成人之父／我希望我终此一生／保持这纯朴的天真。"这是我十年奶爸生涯的真实感悟：孩子，教会了我很多。

2005年妻子怀孕，目睹这一生命的奇妙生长，我经常有"情动于衷，不能自已"的感受。间以文字记录菜虫之成长，之后不能停歇，居然连续写了10年。这个当年在母腹中安然落户的孩子，我曾对着他唱"长亭外，古道边"，现在已经成了一个挺拔的少年。在感慨之外，我也常有一些对儿童的理解，对教育的反思，野叟献曝，思垂空文以自现。

很多朋友说，在我所有的文字中，关于菜虫的部分，是他们最喜欢读的。承蒙朋友们错爱，我也时常觉得，有一种灵，在我的心间涌动。我希望，这种感动我的灵，能在我行文的字里行间得以显现。

据别人的评价，33岁初为人父时，我还是一个颇有锋芒的愤青。偏激、天真、愤世嫉俗，其实接近于愚蠢。如今，倒是更多地听到对我"暖男"的评价。最好玩的一个评价来自我的一个女同事，她说：自从有了孩子，小蔡这个人变好了。言下之意，原来我是一个坏人，而孩子使我良心发现。这样的说法恐怕有些夸张，但究其实，倒也比较接近于事情的本质。当然，他人的评价并不重要，所谓四十而不惑，内心温和而坚定的守护，才是最要紧的。

拜岁月淘洗，我以前的那种犀利，那种格格不入的棱角，如果正如他们所言，在逐渐变得温润，这主要是由育儿带来的，是时间在做功。

如今，我将十年来关于菜虫成长的文稿，一一收集，编成孩子的成长记录，成为一本阐述我十年育儿观念与心得的综合之书。如今，中年的况味与孩子成长的力量纠合在心，使我一再反顾自己，去重新发现我之为我的那个部分。我必须重申，这是孩子带来的。

　　我喜欢古希腊太阳神庙上镌刻的句子"认识你自己"，一直视为人生追求之圭臬。我曾大量阅读古今中外哲人的著作，无非是为了自我认知。但使我豁然开悟的契机，却是家里的这个小屁孩所给予的更多一些。在陪伴成长中，我的喜悦，我的忧虑不安，我的暴躁易怒，都在朝夕相处之中，更加清晰。

　　可以这么说，这个被我塑造的孩子，就是我的镜像。在我塑造他的过程中，他也在塑造我。当然，这种塑造，并非蓄意并且强力，而是散落于生活琐碎之中的潜移默化。我从他的成长之中，看到了我的由来。孩子之所以成为这样的孩子，很大一部分是我之所以成为我的那个部分。尽管我这么想，尽管我始终希望将最为美好的童年带给他，但我所厌弃的自己身上充满人性缺憾的那个部分，亦每每呈现在孩子身上。即便我可以接纳我自己，也可以接纳孩子的诸般性情，我仍然觉得，这是我十年育儿最大的挫折感之由来。

　　很多个夜晚，在我心力交瘁、情绪失控而向孩子发飙之后，我都更深地看到了自己的童年。正因为我看到了自己的童年，因而我不想孩子承继我身上那些残留的幽暗；也正因为我看到了自己的童年，从而在自我认知、自我超越的道路上，才有了可以努力的方向。我知道这很艰难，困于疲累，容易放弃，但至少为人父母者，曾经努力过。这种希望将自己从无能之中超拔出来的力量，实实在在来自孩子。

我与虫妈都是"70后"，自我感觉良好，自认为是非常独特的一对父母。但同时，我们亦认识到，"70后"父母普遍相似的深刻烙印，也在身上。就"70后"父母的特质而言，这代人可谓是第一代受过完整教育，拥有相对完整的理性，具有现代意识的父母。一方面，这使得我们在育儿过程中，能够摒弃许多的传统观念，赋予孩子独立的价值意义。但另一方面，我们又是承前启后的一代父母，身上的传统遗留，仍然像包袱一样负重不去。这大概是生于中国转型期的我们这一代父母所无法避免的宿命。

我曾引用过蒋介石写给胡适的挽联，来比喻我们这一代作为中间物的"70后"父母：新文化中旧道德的楷模，旧伦理中新思想的师表。当然我没有狂妄到可以"楷模"与"师表"自况,我想指出的是身上的那种矛盾——常常尖锐到不可调和又时时使我们释然的矛盾,无非新文化与旧道德、旧伦理与新思想的冲突。这样,我们也可以看到,在这区区 8 万字的育儿记中,何以我的观念会较为新鲜,而我的选择,会如此保守。

在 2005 年第一篇《孩子,你慢慢来》的文章中,我坦陈了我的疑惑,这个疑惑里有对这个时代的忧思,也有我对父亲这个身份的担心。因为我并不知道父亲这个身份将会带给我什么,我就这样怀着对未知的忐忑心情,跨入了奶爸行列。而在 2013 年《爱是原生的能源——给菜虫的一封信》里,我已经有了莫大的确信。我们自然不能给孩子一个真空无菌的环境,或者许诺一个完美的黄金时代,但更关键的是信望,孩子们自会有他们的能量,就像我们曾拥有的那种能量一样,足以使他骄傲地立身处世。

从第一篇《孩子,你慢慢来》,到现在写这个结束语,时间整整过去了 10 年。我的育儿观念也在学习中不断变化。是以，收在这里的文字，因为时间的推延，观点也有些微变化。比如，以前，我总觉得 30 岁就是人生的终点了；而现在已经超过 40 岁了，我觉得人生才刚刚开始。这是因为，有一种充沛的生命力，透过孩子，灌注到了我的体内，使我有愿望去不断超越自己，而非停留在 30 岁便已经做到的事功上日渐衰老。这个小生命，给我的触动，比之前所有读过的文史哲著作都要巨大。感谢生命的无限循环，感谢生命终有尽头，我们可以在人到中年之时，实现认知的螺旋式上升。而爱的永不止息，同样不假外求，因为这是源生的能量，用之不竭，取之不尽。即便这 10 年只给了我这两点感悟，我也感恩孩子的到来，感恩这天赐的礼物。

　　育儿是一次自我疗愈的旅程，就像在生命的最深处，与自我相遇的过程。认识自己，才能学会更好地跟孩子相处。这一旅程漫长，我们已经在路上，尽管路途艰难，好在我们可以无限趋近。

　　当然，以上所说诸种，都过于强调了自我超越与自我疗治的一面。无可否认的是，育儿更是享受的过程。从享受亲子时光的层面来讲，育儿又是一个魔法显现的过程，是一次童话成真的经历，或者，就如粲然所言，是骑鲸之旅。育儿的过程告诉我，童话从来就是事实，而非白日梦。我们的孩子，他们正在经历童话时期，将来会有一段时间被理性思维所替代，但终有一天，他们将重新发现童话的真实。

　　"你哭着对我说，童话里都是骗人的。"这个歌词的作者才是骗子。因为所有童话，每一篇、每一段、每一句，都是事实。这是用我十年奶爸经历，想以奶爸之名，跟大家担保的最重要的一个发现。

2015 年

后记

做父亲是世界上最遥远的路程

我有这么一个独特的孩子，又骄傲又温和，有时彬彬有礼，有时蛮不讲理。在我向菜虫索求亲笔题签时，他理直气壮地说：你写我的文章，我从来不读。

2005 年妻子怀孕，忽一日，我有所感，写下《孩子，你慢慢来》这篇文章。这是我所有文章中，与做父亲这个身份有关的第一篇，还带着很多犹疑与不确定。而多年之后，我终于不惮以"资深奶爸"的身份行世，并欣然接受父亲这一身份带来的崭新使命。

当时，我觉得龙应台的育儿文字，是我读过的最温暖的文字。时至今日，在儿童的成长上，我们新一代父母已经看到了龙应台所未见之处，但这并不妨碍我以同题作文，来向她致敬。

之后断断续续，间以文字记录孩子的成长，并反思自我、反思教育、反思父母的身份，直到今天这本小书出版，已经超过 12 年了。

这是我迄今为止写作时间最为漫长的一个主题。

这当然是因为做父亲本来就是一生中最漫长而又最艰辛

的使命，但未尝不是最光荣的任务。因为在这十年间，我自己的儿童观、教育观，乃至对生命的理解，都有了脱胎换骨的变化。我经常心怀感恩，感谢这么好的一个孩子来到我的生活中。孩子的到来，不但令我焕发了活力，更带来生命的成长，使我人到中年之时，自内心生出一种特别的镇定。

12年来，我目睹了一个堪称伟大的事件：一个小孩，从母腹中诞生，渐渐长大，至于今，他已经是一个能够向我呛声，跟我辩论，并经常指出我的错误的高大少年。而其间的点点滴滴，又何尝能够忘记。这简直就是一次精华版的人类进化史。

这本书，首先写的是我的感动，我所体会到的爱的真谛、陪伴的温暖以及成长的奥秘。但其实远不止于此，我更想探讨的是，作为一个新晋奶爸，自己的思想经历是如何变化的。以及，在当下这个日渐开放的时代，我们究竟该如何做父母。这个问题，自百年前鲁迅提出，历来都有人在追问，我也想发出自己的声音。我越来越深刻地认识到，育儿，不只关乎个人问题，也不止是一次自我疗愈的旅程，父母的觉醒，自我的建立，更应该从家庭内部开始。

最初，写这些文字，无非玩笑，或者记录下孩子的童言无忌，以便日后一笑，或者翻出来羞羞这个开始无法无天的叛逆少年。但渐渐地，我发生了两个重要的变化。首先，我发现，这些记录，并不单单对自己有意义，甚至，我在这些书写里，重新发现了儿童。又则，我作为一个写作者，竟然将自己的写作方向调整到了儿童的视角。即是说，我以前是一个成年人读物的写作者，而现在居然成了儿童阅读的关注者。这个过程，让我深刻地理解到，内心的原动力，才是一个人有所为的最重要的东西。

现在，菜虫已经是一个处于前青春期的大孩子了，深夜翻看这十年来的文字，所感受到的，是岁月真真切切的流淌。幸好，我这十年不曾虚度，因为孩子，带给了我内在的觉醒，重新发现自我，并以此为起点，开始生命的重整。或者说，在已届中年的时候，才明白了自己到底要什么。这一切，都令我深深地感恩。

岁月不饶人，我也不曾饶过岁月。这本小书，就是我不曾饶过岁月的一个小小纪念。

感谢一路上支持我的朋友。亲近母语的徐冬梅老师，是最早觉得我这些文章有意义的长者之一，她鼓励我继续写，并用她当时的刊物《家庭学校》，刊发我的戏作。

李玉龙先生，是另一位认为我的文章有意思的兄长，他于 2015 年英年早逝，在去世前的几个月，还在温州为我的新书站台。他见到过真人版的菜虫多次，对菜虫的"不规矩"印象深刻，尽管他对我的育儿观念并不全部认同，但他至少认为我的思考很有价值。

感谢兔老师与庆姐。很多个圣诞节，兔老师都像圣诞老人，随季节而至的姜饼小屋，是菜虫美好的童年记忆之一。

在观赏一番之后，菜虫会把姜饼小屋拆了，一面墙一面墙地吃掉。但对我而言，更为重要的是，她们俩向我介绍了河合隼雄，让我明白了孩子的宇宙是多么独特、美妙与至关重要。

这些东西写出来，其实并非每一篇每一则都是确定的，无非是我的个人思考，甚至可能有很多是不正确的，但至少我是真诚的。我愿意将我的喜乐与大家分享，也愿意将自我的挫败感坦然相呈，我所写的，不是成功学的育儿鸡汤，而是最真切的生命律动。

感谢蔡皋老师将她所作的周洲小先生的插画慷慨地授权给我的小书使用，使小书大为增色。

感谢石川郁子女士。石川郁子女士身为蒲蒲兰的社长，百忙之中，为我作序。在我与菜虫的成长过程中，蒲蒲兰出品的绘本，带给了我们无数的甜蜜时光。

还有粲然，为小书写了感同身受的序言，我很感激。有粲然这样懂孩子的妈妈，我就知道，人生长远的路程，并不孤单，到处都有"旅伴"。

我铭记每一刻的温暖感动。

感谢我的太太，汤泓。她在过去的时间里，给了我婚姻中重要的理解、信任与支持。更重要的是，她给了孩子最丰富，同时也是最自由的爱。她用温柔，守护了孩子唯一的童年。

我们有这么一个独特的孩子，他跟任何一个独特的孩子一样独一无二，又骄傲又温和，有时彬彬有礼，有时蛮不讲理。在我向菜虫索求亲笔题签的时候，他理直气壮地跟我说：你写我的文章，我从来不读。

嗯，这就对了，我们之所以秉持这样的育儿观，无非是为了你可以随心所欲，可以任性而为。因为，你的人生，必然是你自己的，我们绝不会用自己的爱来绑架你独特的观念。
如是，我闻。

2017 年

图书在版编目（CIP）数据

孩子，谢谢你带我认识温柔 / 蔡朝阳 著. — 北京：东方出版社，2018.4
ISBN 978-7-5060-9338-5

Ⅰ.①孩… Ⅱ.①蔡… Ⅲ.①家庭教育 Ⅳ.①G78

中国版本图书馆CIP数据核字（2016）第277115号

孩子，谢谢你带我认识温柔
（HAIZI，XIEXIENI DAIWO RENSHI WENROU）

作　　者：蔡朝阳
责任编辑：陈　卓
出　　版：东方出版社
发　　行：人民东方出版传媒有限公司
地　　址：北京市东城区东四十条113号
邮　　编：100007
印　　刷：北京联兴盛业印刷股份有限公司
版　　次：2018年4月第1版
印　　次：2018年4月第1次印刷
开　　本：880毫米×1230毫米　1/32
印　　张：9.75
字　　数：168千字
书　　号：ISBN 978-7-5060-9338-5
定　　价：48.00元
发行电话：（010）85924663　85924644　85924641